如果沒有今天，明天會不會有昨天？

易夫斯．波沙特 Yves Bossart／著
區立遠／譯

OHNE HEUTE GÄBE ES MORGEN KEIN GESTERN

推薦序

幸福必然來自於自我的體會

苑舉正

這是一本成功的哲學書，因為它的書名很特別。今天、明天與昨天，這些再熟悉不過的名詞，讓我們很自然地感覺，明天的昨天，不就是今天嗎？如果沒有今天，那麼這些天，又是什麼呢？

這是典型的哲學問題，但千萬不要以為哲學問題是憑空杜撰的偽問題。哲學問題的功能，並不在於解決生活的疑慮，而在於刺激我們信以為真的「理性」。就提出問題而言，本書是非常成功的。

通常哲學書有兩種寫法。一種是歷史的，另一種是發問的。歷史的寫法讓我們沉浸於先賢智慧當中，卻不免質疑這些智慧在今日的用處是什麼？問題的寫法，固然讓我們感受到生活周遭的各種疑惑，但又因為缺乏脈絡，無從掌握這些問題的重要性。本書做了一個完美的結合，讓我們沉浸於歷史中的同時，又享受到問題所組成的脈絡。

歷史中的哲學家，不斷地討論亙古不移的哲學問題。這些問題中，包含了我們最在乎的真理、善惡以及與美醜相關的議題。同時，伴隨著時代的發展，尤其是科學理性興起，讓我們從唯物論的角度，思考人的權利、自由、意識以及存在等等。

在這個結合歷史與發問的組合中，本書很巧妙地形成一個頗具系統性的結構。在這個結構中，讀者從人人最關心的幸福出發，歷經真、善、美三方面的討論，看到哲學家們如何在這些永恆價值中穿梭。然後，作者以三組概念，結合個人內在與外顯於世的方式，將所有從古代到今天所出現的哲學問題做了整理。這三組概念分別是自由與正義、大腦與上帝以及邏輯與時空。

在自由與正義的對比當中，我們無可避免地面對個人與群體要如何相處的問題。個人生而自由，但處處活在與他人共處的限制之中。每個人都渴望自由意志，並享受無束縛感的同時，卻又不得不面對與他人共享有限空間的事實。於是乎，自由與正義的調和，成為生活中面對他者的主要問題。

其次，在科學理性的影響下，唯物論當道，認為人類認知的唯一來源就是我們的大腦，其餘像意識、直覺、良知等，均為虛設。但是，當這個論述武斷地否定宗教信仰時，我們又必須承認信仰為許多人提供生活經驗的事實。縱使有再多的物理解釋，都無法回拒這些事實，讓宗教論述在哲學領域中依然佔據重要地位，甚至連上帝存在的證明，依然受人青睞。

最後，就是邏輯與時空之間的關係。邏輯來自於我們語言的結構，而時空就是我們用言語描述世界的架構。從表面上來看，邏輯與時空是完全不同的事物，但它們都與語言息息相關，也都是語言包含的內容。如果沒有語言，我們不會有邏輯，更不會有那些像時間與空間這種繁複的名詞，描述這些既複雜又抽象的概念。因為有了語言，所以邏輯成為我們判斷思路的依據，而時空是我們用來理解生活的基礎。

讀完此書，我深深覺得，作者的文字平易，不引經據典，也不賣弄術語，真誠地應用善於發問的行文風格。在這些哲學問題當中，讀者可以強烈地感受到，學習哲學的目的，其實就是練習發問的過程。這也無怪乎，作者在最後一章，像結論一般地探討自我的問題。在蘇格拉底的名言，「認識自己」的引導下，這本書很完整地帶領我們從幸福的討論開始，一路朝向自我的理解；最終，幸福必然來自於自我的體會。

我誠摯地推薦此書予所有想要踏入哲學殿堂的人！

（本文作者為國立臺灣大學哲學系教授，《求真：臺大最受歡迎的哲學公開課》作者）

推薦序

當你開始這樣做，你便踏上哲學之路

朱家安

有一個哲學笑話是這樣的：

一個害羞的男生，沒交過女朋友，在某次約會前夕，向他老爸請教和女生聊天的祕訣。

老爸說：「聊天嘛，其實很簡單，既然你們約吃飯，一開始就先聊吃的，接下來可以聊聊對方的家人，表達你對她的好奇和關心。」

「那聊完家人之後呢？」男生問。

「聊完家人以後喔，」老爸說：「那就可以聊比較深入的東西啦，跟她聊點哲學好了。」

到了餐廳，男生記得老爸的叮嚀，先聊吃的。於是開口問女生：「你喜歡吃草莓嗎？」女生搖搖頭。接著，男生試圖聊家人：「那，你有哥哥嗎？」女生還是搖搖頭。

好吧，那就來聊哲學好了。男生開口：

「那如果你有哥哥的話，他會喜歡吃草莓嗎？」

我第一次聽到這個笑話的時候，只覺得真是莫名其妙。但是後來學到了相關的哲學討論，才了解這種討論「**違反事實的假設情境**」的有趣之處：沒有事實可以直接參考，那我們該如何決定這些說法的真假呢？《如果沒有今天，明天會不會有昨天？》這個書名，也透露出類似的有趣困惑，只是更加直接。「時間存在嗎？」「今天、昨天、明天的差別是什麼？」這些問題抽象得讓你不知從何思考起嗎？在這種情況下，或許一些具體的假設性情境可以協助你釐清思路。

當哲學家面對很抽象的問題，他們應對這些問題的方式之一，是使用假設性的情境來協助思考、分析直覺、區辨好的答案和壞的答案。

在倫理學當中，你會遇到像是「如果你是醫生，你有五個病人快掛了，因為他們各自缺少一個器官……」這類假設性情境；在形上學、知識論和心靈哲學，你也會各自遇到跟阿基里斯與烏龜、銅板與救生機器人和中文房間有關的假設性情境。哲學家把這些精心設計的假設性情境稱為「思想實驗」（thought experiment）：藉由在腦中建構「實驗」，來測試哲學理論是否符合我們對於相關概念的理解。

易夫斯．波沙特的《如果沒有今天，明天會不會有昨天？》蒐集歷史上有名的思想實驗，把它們分門別類。在「幸福」、「自由」、「心智與大腦」等分類底下，你可以看到各個由不同哲學家提出來、擁護不同立場的思想實驗，穿越幾百年時空，在同一個議題底下打對臺。

作為哲學普及書，《如果沒有今天，明天會不會有昨天？》的說明和論證密度非常高，作者幾乎不花時間討論和當前主題或思想實驗沒有直接相關的背景和鋪陳，文章中的每一字句，都是為了引領讀者認識思想實驗，及從它延伸出來的論證或說明。對於好奇和喜愛思考的讀者來說，可以從中得到舒暢不中斷的滿足。

同時，這本書雖然不自居為哲學概論課本，也不保障涵蓋所有主要的哲學立場，但是在各主題底下，作者依然提出足夠的理論供讀者「參觀選購」。這些理論可能彼此矛盾、無法同時為真，卻又各自能言之成理（特別是當伴隨著有說服力的思想實驗出現的時候）。喜歡挑戰概念與邏輯的讀者，可以從這些互相衝突的說明，理出自己能接受的範圍，並反思自身對於該議題的想法。

當你開始這樣做，你便踏上哲學之路。

（本文作者致力於臺灣的哲學普及，著有輕鬆的哲學書《哲學哲學雞蛋糕》，人稱「哲學雞蛋糕老闆」）

【推薦序】幸福必然來自於自我的體會／苑舉正 3

【推薦序】當你開始這樣做，你便踏上哲學之路／朱家安 7

導論 15

幸福 23
假設只要連上幸福機器，就能體驗到渴望的一切，你會連上機器，享受如真實般的夢幻人生嗎？

知識 55
假設有人說你只是顆泡在培養皿裡的大腦，感受到的世界是電腦製造的夢幻泡影，要如何證明自己是活生生的人？

道德 89
假設你在橋上，目睹電車即將撞上軌道上的五個人，拯救他們的唯一辦法，就是把站在你身旁的一個人推下去，你會怎麼選擇？

美與藝術 125
假設博物館裡每一幅畫都是相同的紅色畫布，只有畫名和簡介不同，策展人說每幅畫想傳達的意念也有所不同，你可以要求退錢嗎？

自由 149
假設你擁有全知的能力，通曉宇宙的一切，你是否就能預測未來？

法理與公平正義 165
假設你是新社會的絕對立法者，不過無法預知自己在新社會中的地位，你是否能打造出公平正義的社會？

心智與大腦 185
假設你是蝙蝠專家，對蝙蝠的一切瞭若指掌，你是否就能點出蝙蝠心裡在想些什麼？

上帝與信仰 213
假設所有的運動都有其推動者，世界上最早的第一起運動，究竟是誰推動的？

目錄

Ohne Heute gäbe es
morgen kein Gestern

邏輯與語言 —— 241

假設村裡的理髮師只能幫不自己刮鬍子的村民刮鬍子，不能幫會自己刮鬍子的村民刮鬍子，他自己的鬍子要由誰來幫他刮？

空間與時間 —— 279

假設你回到過去，殺害了尚未有子嗣的祖父，你還能存在於這個世上嗎？

自我 —— 301

假設你在柏林被全身掃描過一遍，就能在北京被複製出來，世界會存在兩個你嗎？哪一個才是真實的你？

導論

我們在追求什麼？生命是否有所意義？什麼叫公平正義？我們有義務幫助窮苦的人嗎？人類知識的極限在那裡？何謂真理？精神與身體彼此如何聯結？語言是怎麼運作的？我們的決定是出於自由意志嗎？我過的是我自己的人生嗎？真愛是否存在？我們可以食用動物嗎？怎樣才算合理的工資？死後的世界是什麼？我應該信仰上帝嗎？還有，是先有雞還是先有蛋？

兩千年來，哲學不斷探究諸如此類的問題，有些問題，哲學家直到今天仍在黑暗中摸索；有些他們已經有了點頭緒；而在某幾個問題上，他們甚至已經得出了言之成理的答案。提出疑問及為之尋找完善的解答，就是推動哲學前進的力量。哲學思辨的時候，我們首先交換的並不是立場，而是論證。沒有什麼說法不能接受檢視；每一種主張都要說明理由。只有無懈可擊的論據跟言之鑿鑿的理由，才算得分。誰要是不能給他的哲學意見提出理由，就算輸；而誰要是擋得住所有質疑，就算贏。哲學就是這樣簡單。

然而哲學並不是單純用論證進行廝殺。哲學家們特別致力於追求的，是理解與明晰性。這從提問題的方式就開始了：如果有人問，我們是否自由，那他就得先說清楚，他使用「自由」一詞的意思是什麼。如果有人問，我們能否認知真實，就得先解釋，他用「認知」跟「真實」想表達的是什麼意思。要是有人問，上帝是否存在，那就得先界定，「上帝」這個詞所表達的含意為何。對每一個哲學問題，只有在理解了問題及其中包含的概念之後，我們才能啟程尋找解答。所以，哲學也總是試著釐清本身使用的基本概念，並藉此對人類生命與思想的根本範疇進行理解，這就是哲學家們的核心任務。此外，這本書裡每次提到哲學家[1]這種行業，除了男性哲學家，也都包括女哲學家在內；為了簡潔起見，之後就不一一特別寫出。

但是哲學概念該怎麼釐清呢？哲學觀點又該如何論證？哲學家如何思索人生重大的問題？他們具體來說怎樣進行這些工作？哲學的方法，就是完全靠思索。沒有龐大的儀器，沒有問卷調查，沒有探勘考察。哲學是一門坐在沙發裡就能進行的科學。有別於物理學、心理學或社會學，哲學無法藉由實證實驗來證明自己提出的假設。物理學家可以讓一顆石頭落下，以確認地心引力是否存在。但是哲學家能做什麼實驗來確認我們有沒有自由意志、能不能食用動物、未來的機器人能不能有知覺，以及我們有沒有義務幫助窮人等這類問題？哲學家會躺回他的沙發，仔細地思索、檢視一切，做出精確的描述，進行犀利的論證，而且在討論過程中不忘掌握問題

譯註1：德文哲學家（Philosoph）一詞為陽性，字面上僅指男性哲學家。

的全貌。他們有祕密武器，就是思想實驗（Gedankenexperiment）。哲學家們讓真實與不真實的情境在思想中上演，從中探查出根本概念的意涵，推翻各別的理論，或者為新的思想建築打下基柱。

讓我們拿倫理學的基本問題當例子：什麼是善？或者：一個行為在什麼情況下是道德正確的？這些問題乍聽之下非常抽象。確實也是如此。有一個思想遊戲或許可以幫我們一點忙：

想像你是一名火車司機，正要開火車進入隧道。突然間你看到軌道上有五名鐵路工人。你立刻按下煞車，但是沒用。煞車器故障了。按下轉轍器、開往另一條隧道，你就能救下這五名工人的性命。只可惜那條隧道裡也有鐵路工人，但那邊只有一個人。你會怎麼做？你會按下轉轍器，以便讓只有一人而不是五人喪生嗎？再者，如果那名落單的鐵路工人是你最好的朋友，你又會怎麼做？

再想像你是一名外科醫師，眼前躺著五名病患，其中一人亟需心臟，另外兩人各需要一葉肺臟，剩下兩人則各需要一顆腎臟。這五人都屬於同一種罕見血型。不幸的是，他們一直等不到捐贈者。時間非常緊迫。就在這個時候，有一位完全健康的年輕男子走進醫院，擁有跟他們相同的罕見血型。作為外科醫生，你有能力無痛地殺死那位年輕人，取出他的器官，拯救這五名病患的性命。於是問題又來了：五條人命換一條人命。在這個情況下你會怎麼做？如果這五名病人裡，兩個是你的爸爸媽媽，三個是你的小孩，你又會怎麼做？

這些哲學的思想遊戲讓我們面臨難題。沒有人會想做這種決定。然而更加困難的，是要解釋為什麼一個人在這個情況下會這樣決定、在那個情況下又會做相反的決定。在道德直覺的引導下，我們有時這樣決定，有時那樣決定，卻都不知道原因為何。我們會感受到內心的衝突，這讓我們不舒服，但也吸引我們的注意。於是我們開始仔細思索。哲學就此攫住了我們。

然而哲學的思想遊戲不只能引發我們的思考，還能使困難的理論更容易理解，並讓我們找到直覺易懂的方式來切入複雜的問題。上頭我們用了鐵路工人及器官移植等兩個例子，呈現的就是兩個最重要、且互相對立的道德理論：效益論（Utilitarismus）與義務論（Pflichtenethik）。效益論主張，一個行為如果為最大多數人帶來最大效益，那就是道德的。道德就是為了「為最大多數人帶來最大福祉」這個目的而存在，效益論如是說。與之對立的是義務論。根據義務論，行為的價值不只取決於其結果，而且也取決於其自身。殺人、施加酷刑以及偷竊，都是不被允許的行為，不管這些行為導致多大的善。這些行為在道德上是錯的，其價值不能透過成本利益的計算來提升。所以根據義務論，有些特定的權利無論在任何狀況下都是不可損害的，比如生命權。人的尊嚴不可侵犯——這是德國基本法開頭第一句話。[2]

鐵路工人的例子訴求我們效益論的直覺，因為大多數人會選擇犧牲一個人，以拯救五個人的性命。相反的，外科醫生的例子喚醒我們義務論的直覺，因為我們在這裡會認為，對人命做斟酌計算，然後犧牲某人來造福大家是錯誤的。所以，這兩個思想實驗提供了有趣且簡單的方式，讓我們切入兩個最重要的道德理論。但是我們同時也看到這兩種道德立場各自的缺陷，並且能夠提出理由來反對（或支持）這兩種理論。透過這些思想實驗，我們已經進入道德哲學的討論了。

哲學的思想遊戲促使我們面對謎題，偶爾讓我們感覺不快，但也吸引我們，喚起我們的問題意識。此外，這些遊戲還讓我們輕輕鬆鬆地就能走向偉大的哲學理論。本書所呈現的思想實驗，時常可以用來推翻其中一種哲學理論，並支持另一種理論的。藉由這些具體的例子，我們得以認識重要的哲學立場，包括它們有什麼長處與缺點。但是最重要的一點是：思想實驗提供了我們獨立思考的空間。我們只需少量閱讀，如此才能思索得更多。友善的殭屍鄰居、阿基里斯與烏龜、缸中之腦、中文房間、超級聰明的外星人及邪惡的神經科學家等各種幻想，把我們迅速地丟進迷人的哲學世界中，並帶我們直接走向那些與偉大哲學思想相悖的根本問題。

這本書針對重大的哲學議題，集結了最重要的哲學思想遊戲、謎題與類比。每個章節都關注一個主題，並介紹相關的思想遊戲與哲學理論。好消息是：本書的每一章都可以獨立閱讀，讀者無須從頭讀到尾，而是可以挑出自己最感興趣的章節。祝福各位讀者能從中獲得許多樂趣及分量不小的哲學知識！

譯註2：德意志聯邦共和國基本法（Grundgesetz für die Bundesrepublik Deutschland）第一條第一款：「人之尊嚴不可侵犯，尊重及保護此項尊嚴為所有國家機關之義務。」（Die Würde des Menschen ist unantastbar. Sie zu achten und zu schützen ist Verpflichtung aller staatlichen Gewalt.）。

幸福

亞里斯多德／善用美德便可以為自己的幸福奠定基礎

斯多亞學派／幸福就在於有美德的人生

伊比鳩魯／幸福哲學的核心即靈魂的平靜

叔本華／人生就是一場無止盡的追趕

尼采／愛你的命運

卡謬／他的命運只屬於他自己

多年以來，澳洲的護士小姐伯朗妮·法爾陪伴過許多位臨終者，聆聽他們、和他們說話。她指出，最讓臨終者感到懊悔且希望可以重新選擇的五件事分別是：希望可以過自己的人生、不要那麼投入工作、可以表露自己的感受、維持友誼，以及追求更多的幸福。不過什麼是幸福？怎樣才能找到？幸福有什麼條件？近年來，科學對我們的幸福有過諸多探詢。在談哲學之前，讓我們先看看一些最重要的發現：

幸福研究認為，我們的幸福有一半是基因決定的。擁有正確基因的人，幸福之路就已經走了一半。另外一半則主要由外在環境決定，包括生活條件、良好的機運及偶然事件。只有很小一部分的幸福是由我們自己掌控的。也就是說，我們並不真的是自身幸福的打造者。

但是哪些因素讓我們感到幸福？直接說重點的話，這些因素有：健康、家庭、愛情、友誼、工作、財富以及信仰。這是怎麼得出來的呢？研究者進行過問卷調查：「總的來說，你對自己目前的人生有多滿意？請用一到十分表示。」你會給幾分？德國平均為六點六分，瑞士七點六分，丹麥人在這份統計上佔領先地位，有七點七分。相對不幸福的是前共產國家及生於非洲極度窮困國家的人民。不過在拉丁美洲與加勒比海地區，相對於他們較不富裕的生活，卻享有令人意外的幸福感，這似乎跟陽光較多有關。但這當然不能解釋一切，畢竟非洲的太陽也不小。

有錢會使人幸福嗎？會，但是只到一個特定的金額。當基本需求獲得滿足之後，更多的財富幾乎不會帶來更多的幸福。在西方工業國家裡，年收入一旦超過六萬歐元[3]，日常的幸福感就不再增長。收入的增長確實能使我們更富有，實際上卻不能使我們更幸福。此外還需注意：相對的收入比絕對的收入更為重要。我們的幸福感取決於，作為我們比較對象的那些人有多有錢。對我們來說，辦公室的同事賺多少很重要；但是比爾·蓋茲賺多少卻幾乎不會影響到我們。（所以，如果你是池塘裡最小的那隻青蛙，請直接找個新池塘，去當一隻最大的吧。）

額外的財富還有另一個問題：我們很快會習慣新的富裕程度。由於這個緣故，加薪帶來的滿足感只能維持六個月，而中樂透的幸福感在六個月之後甚至常常跌到比中樂透之前還低。相反的，不幸福感也有同樣的現象：因意外而半身不遂的人常在半年之後就恢復原先的幸福感。基準點會移動，因為我們會適應新的環境，在在顯示出習慣的力量對幸福感的作用更為強大。

譯註3：折合約新臺幣兩百二十萬。

有人說，消費是新的宗教。我們像瘋了一樣地消費，卻達不到我們想要的目的。因為購物只會帶來短暫的幸福感。取得事物會讓人滿足，但是持有並不會。這就是為什麼我們一直買個不停。研究顯示，我們最好把錢花在社交活動，以及會讓你感到振奮的體驗上，而不是拿來購買物質商品。人群才能讓我們感到幸福，物品不行。所以你最好讓昂貴的鞋子留在櫥窗裡，把省下來的錢拿去跟最好的朋友來場刺激的旅行。

禱告與冥想也有助於促進幸福：有宗教信仰的人比較幸福。生小孩會帶來幸福嗎？會，但是你得一直等到小孩獨立生活或者抱孫子的時候。政治可以嗎？參與決策對幸福感有幫助：能積極打造自己環境的人們，會比跟從者更為幸福。也許因此生活在民主國家裡，會比在獨裁政體中更幸福。那，年齡的因素呢？我們在處於人生中途時，幸福感是最低的。在開始時一切都還是將來，到最後時我們則更易於滿足，更不會做錯誤的期待。選擇的多樣性呢？太多選擇會讓人不快樂——從三種果醬裡選一種的結果，會比從十五種裡選一種更讓人滿足。看電視呢？完全不幸福。所以請不要碰電視機。

令人訝異的發現是，在追求目標的時候，過程常常比達成更讓人快樂。德國俗語是這樣說的：「期待的快樂是最大的快樂。」然而說到期待，就牽涉到一件麻煩的事：期望太高，結果只能是失望。不幸的是，人很難自由地設定自己的期望；期望常常是自己產生的。幸福感也是這樣。很少人能強迫自己感到幸福。「人人都追逐著幸福，幸福卻藏於我們的身後」，德國詩人布萊希特（Bertold Brecht, 1898-1956）如此寫道。印度籍的耶穌會神父戴邁樂（Anthony de Mello, 1931-1987）說得好：幸福就像蝴蝶，「你追它，它會飛走。你坐下來，它就停在你的肩膀上」。

不過那些談論幸福的至理名言就讓它留在日曆上吧，接下來讓我們看看哲學對幸福能有什麼貢獻。就像學校課本裡常見的那樣，我們從古希臘人談起。

身後的幸福

假設你過著幸福的生活，活到很老，死得也很平靜。躺在臨終的床上，你最後一次回顧，讓你的人生一幕一幕在眼前走過。最後你放心地說：「我的一生，過得就跟我所希望的一樣。真是一場成功的人生啊！」這句話還沒說完，你就過世了。

可是接下來一切都變了。在你死後，你的鄰居開始散布你跟家人的謠言。全城突然開始講你的壞話。你的孩子們被這些指責激怒了，為了報復，殺死了鄰居。隨即你的孩子們被迫亡命天涯。他們搶銀行，搶奪無辜的人身上的錢財。你跟家人在眾人間的形象愈來愈壞。現在大家還指責你，沒把小孩教育好。人們咒罵你的名字，甚至到你的墳墓上吐口水。

在這種情況下，你還會說自己的人生「真是成功」嗎？

提出這個思索的人是亞里斯多德；他是柏拉圖的學生，亞歷山大大帝的老師。亞里斯多德是非常偉大的哲學家，也是徹頭徹尾的科學家，他集生物學家、物理學家、心理學家、邏輯學家、政治學家、詩學理論家、神學家與倫理學家的身分於一身。中世紀時，人們直接以「哲學家」之名稱呼他，可惜我們對這位全方位學者的私人生活所知甚少。二十世紀德國哲學家海德格（Martin Heidegger, 1889-1976）為他的一生做了如此的總結：「亞里斯多德出生，工作，然後死去。」那是何等的成就！直到近代，亞里斯多德的著作依然深刻影響著人們的世界觀。儘管他的物理學在今天已經沒有多少人讀，但是讀其倫理學的人卻愈來愈多；在其影響深遠的作品《尼可馬赫倫理學》（*Nikomachische Ethik*）中，他不折不扣地勾勒出

「好的人生」的理論。我們並不確知這部書名的由來，看起來是獻給其子或者其父的，因為這兩人都叫「尼可馬赫」（Nikomachos）。

亞里斯多德認為，所有人都努力追求的那個目標，叫做eudaimonia，這是個古希臘字，幾乎無法翻成德文；有人翻譯為「至福」（Glückseligkeit），有人說其意指「順遂的」或「成功的人生」，也有人直接翻譯成「幸福」。不管怎麼說，亞里斯多德認為，這個人生的幸福，就是人類最終與最究竟的追求目標。有些東西我們之所以想要，只不過是為了達成其他的目標，比如金錢、權力與財產，這些都只是達到目標的手段。然而我們追求幸福，並不是為了透過幸福，來達成什麼其他的標的——幸福本身就是目的。我們用個例子來仔細思考一下：假設你想理髮。為什麼呢？因為想要儀容好看一點。那為什麼你想變好看一點？為了讓其他人對你有好感。為什麼要讓別人有好感？因為這樣便容易跟其他人有所交流。這又是為什麼？為了找到對象。找對象做什麼？可以找到愛情。尋找愛情做什麼？這讓你得到幸福。那你為什麼想要幸福？嗯，很難回答。「我們為什麼渴望幸福」，這個問題並沒有意義，如此便顯示出：成功的人生從來不是達成目的的手段，而是我們一切作為的最終目的。

根據亞里斯多德的理論，成功人生取決於許多不同的因素：外在的、身體的，以及心靈的資產。外在的資產他列舉了財富、友誼、家世、子孫、榮譽，以及良好的機運，身體的資產包括健康、美貌與運動技能，心靈的資產他認為包括像是勇氣或正直這類的美德。所有的資產對於幸福都極其重要，沒有他人的贈予、缺乏良好的機運，人都不可能得到幸福。所以我們最好不要擺脫一切外在牽繫，單靠自己的力量也不可能成就自己的幸福。而且在生命終結之前，永遠不要評判我們的人生，因為誰知道明天會不會發生意外、疾病、離別或遭竊，讓我們就此落入不幸之中。

我們從來就無法保證自己能免於不幸。亞里斯多德說，就算死的時候幸福，死後的幸福也是不能保證的。就像前述的思想遊戲所呈現的，我們想像中的成功人生，遠不僅僅是死前的人生是否過得幸福，我們的人生理想，還延伸到死亡之後的時間裡；我們希望在他人的記憶中保持良好的形象（即使到那個時候我們已經死了，再也聽不到什麼惡劣的毀謗）。這其實有點奇怪，對我們的遺體也是如此，沒有人希望過世之後，別人拿他的頭來當球踢。但是這麼想究竟是為了什麼？死人明明就什麼都感覺不到了啊！

讓我們把足球拋諸腦後，回來談談那些能決定我們幸福的資產。讓我們對心靈資產，也就是美德，做點更仔細的考察。希臘人所謂的「美德」，跟我們理解的不一樣：對他們來說，就連一把刀子也可以有美德，如果那把刀子能出色地完成它的任務的話，意即，如果那把刀子鋒利好切的話。亞里斯多德相信，萬事萬物都有一個這樣的目的——每件事物都是為了該目的而存在，而且自然而然便特別有能力達成該目的；於是乎，事物如果非常完滿地達成了它的目的，就稱做有美德，刀子得用來切割東西，獅子得捕食羚羊及保衛勢力範圍，所謂有其美德，就是以其方式出類拔萃。然而這個說法也適用於人類嗎？人類的目的又是什麼？

幸福的黃金比例

根據亞里斯多德的說法，人類是唯一擁有理性的生物，人類是動物界中的聰明小子，思考則是人類的使命，因為這件事他比所有其他動物都做得更好，所以他應該致力於哲學，並試著獲取智慧。如此一來，他便是幸福的。因為所謂成功的人生，就在於去做那些相應於自己本性的事情。活出你的天賦！去做那件你做得最好的事。可惜，對理論的苦苦思索並不是每個人都在行，亞里斯多德也明白這點，他認為，並不是只存在一種理論性的理智，而是也有另一種實踐上的理智，幸福不只可以在理論中找到，也可以在實踐裡、在正確的行為中尋得；亞里斯多德區分出理論性的智慧與實踐上的明智，後者能在日常生活中，幫助我們做出正確的決定，並由此對我們的幸福做出貢獻。但是什麼叫做出正確決定？亞里斯多德認為，正確決定常常落在兩個極端之間的中點，有美德的人之所以出色，就在於他在各個情況下都能掌握黃金比例：勇敢的人既不會魯莽，也不會膽怯；審慎的人既不會衝動，也不會麻木無反應；慷慨大度的人既不會吝嗇，也不會浪費。亞里斯多德同時認為，這些性格特徵都是可以經過訓練養成的，美德可藉學習而來，我們便可以為自己的幸福奠定基礎。

被鏈住的狗

請想像一下：你是一隻狗，正安靜地躺著曬太陽。突然間你感覺被什麼東西拉扯。一看之下，發現自己被栓在了車子上，並在此刻，車子發動了，開始往前移動。你試著掙脫鏈條。但沒有用。剛剛你還舒服地躺著曬太陽，現在你卻被迫站起來跟在車子後面走。如果你抵抗到底，站著不動，就會被車子拖行在後，滿身是傷。就算你心有不甘、怒氣沖沖地跟著車跑，那你也在傷害自己：你一肚子火，又對此不滿。

突然間神來一筆：你決定自發地來散個步。畢竟陽光明媚，運動也有益健康。而且事實上，出去轉一圈回來之後，你感到身心舒暢。

恭喜，你是隻聰明的小狗。你用計謀騙過了命運！

這個思索出自基提昂的齊諾（Zenon von Kition, 333/332-262/261 BC），約在西元前三百年，齊諾出生於塞普勒斯的基提昂[4]，並創建了名為斯多亞（Stoa）的哲學學派。「斯多亞」之名來自古雅典的「柱廊（stoa）」，齊諾跟他的學生就在這裡見面討論，斯多亞哲學有很悠久的傳承。齊諾之後，這個思想路線的重要代表人還有塞內卡（Seneca, c.4BC-65CE）、奧理略（Marc Aurel, 121-180）以及愛比克泰德（Epiktet, 55-135）。

齊諾和其後所有的斯多亞哲學家相信，世界是由理性且神性的律法所統治的，希臘人稱此理性為 Logos。依照斯多亞學派的理解，這個理性的世界律法同時也是我們的命運。世界的運行是固定的，絕大部分都不在我們的掌控之內，我們只能帶著斯多亞式的平靜與安祥，順從並接受人生中無可迴避的一切。不能改變的，就不要試著去改變，而是依照自然來生

譯註4：塞普勒斯（Zypern）是小亞細亞南方的地中海小島；基提昂（Kition）則是島上古代的海港城邦。

活！這便是斯多亞學派最高的要求。不過，斯多亞學派的態度跟宿命論（Fatalismus）仍然有所區別：即使我們不能改變世界的律法，但是可以改變面對世界的心態；如果我們不能改變事物，就應該試著改變面對事物的態度——就像那隻被鏈住的狗，因為別無選擇，於是就決定自發地散一個步。讓內心不能寧靜的，從來都不是外在的事物，而是我們對事物的看法與判斷，愛比克泰德於西元一世紀如是說。

幸福在於有美德的人生

斯多亞學派，就跟所有希臘化時代[5]的哲學門派一樣，針對的是人類的幸福，理論為實踐而服務，人之所以沉思，目的在獲得沒有憂慮且幸福的生活。就此而言，這種哲學很像是心理治療，哲學應該讓我們免於憂慮、恐懼與痛苦，讓我們有力量抵抗人生中種種命運的打擊，並帶領我們走向幸福。但是哲學如何協助我們變得幸福呢？

依照斯多亞哲學的見解，幸福就在於有美德的人生，所以幸福是內心態度的問題，因為美德不外乎是優秀的性格特徵。斯多亞哲學認為美德當中最重要的，是平靜的心（Gleichmut）：也就是要能控制自己激烈的情緒。希臘人甚至稱之為「無感」（Apathie），意思是內心完全不起波瀾。斯多亞哲學認為，激烈的情緒使我們不能自主且不得自由。憤怒、好勝、嫉妒、欲望、貪婪與恐懼等等皆使我們變成奴隸——我們就此雙手奉上了自己的生命。外在資產也讓我們不能自主：誰要是追求富裕、財產、權力、聲望與成就，這些事物最終並不會使他幸福，而是會把他變成奴隸。在所有這些思考的背後，都有一個根本的要求：不要把任何可以從我們手中奪走的東西視為有價值。凡是不在我們掌控之中的事物，我們都該將之視為無關緊要，包括對於死亡、疾病、貧窮、弱小與外貌醜陋。

斯多亞學派區分好的、壞的與無關緊要的事物，其中只有美德是好的，像是智慧、審慎、正義與勇敢；壞的事物則是種種惡習，如輕率、放縱、不正義以及膽小等；其他的一切都屬於無關緊要之流，包括生、死、榮耀、恥辱、勞苦、縱欲、財富、貧窮、疾病等。這種觀點相當極端，然而分類的策略卻很清楚：不要讓幸福倚賴於那些自己不能掌控的東西之上，也不要追求那些你其實並不需要的東西。

羅馬哲學家塞內卡在其作品裡提及許多實際的指導，讓讀者能夠練習斯多亞學派的生活藝術。比如他建議：「安排幾天的時間，讓自己只有最微薄、簡單的飲食，穿最簡陋、粗劣的衣服，並且問自己：『人們所恐懼

譯註5：從亞歷山大征服波斯，到羅馬人征服希臘之間的一百多年間，希臘文明對整個地中海東岸影響甚鉅，近代史家故而將這段時期稱為「希臘化時代」。

的，就只不過是這樣而已嗎？』在沒有憂慮的時候，人的心靈便應該為種種困難做好準備，並且在仍然受到命運眷顧的時候，先穿上能抵禦其襲擊的盔甲。」以今天的心理學眼光來看，這叫「刺激源暴露法」（Reizex-position）：讓病人暴露在所害怕的事物之前，以治療其恐懼症。如果你不敢執行這個實驗，那麼請你至少在心裡試試看——哪些是你能放棄的？你可以不開車嗎？智慧型手機呢？幾件特定的衣服？不住大房子？放棄工作？失去朋友？這些對你來說，意味著什麼？什麼才是真正重要的？生活裡有什麼是絕對不可或缺的？

不要懷抱錯誤的期待

在內心平靜與自足的理想之外，斯多亞哲學還有另一個核心的要求，那就是：不要懷抱錯誤的期待！大多時候我們之所以感到不幸，是因為我們的期望沒有獲得實現，我們感到失望與挫折。但這種挫折其實是可以直接避開的，只要我們把期望降低。愛比克泰德寫道：「不要要求事情依照你所希望的方式發生，而是要希望事情依照實際該發生的方式發生，那麼你的日子就會過得很愉快。」這不只適用於對外在世界的期待，也適用於對我們自身的期許，人類的幸福不只需要建立在合理面對世界的態度，也有賴於我們是否能慎重且友善地對待我們自己。「關注你的內心，做自己的好友」，塞內卡如此要求。我們不該再持續地對自己大加批評，應該停止對自身的逃避，我們總是反反覆覆地來回奔忙，將心力放在別的事情上，把自己的生活晾在一邊；或許我們有天會幡然醒悟，注意到我們盡做一些對自己完全不重要的事，我們會意識到，我們一直沒有好好地過自己的人生，因為我們從來都沒有好好地傾聽內心的聲音。西元二世紀的羅馬皇帝及斯多亞學派的哲學家奧理略寫道：「誰要是沒有全心關注自己靈魂的動靜，就必然要陷於不幸。」所以，根據斯多亞學派的理解，幸福建立在與自己的相遇之上，當這個相遇發展成友誼，那麼幸福人生就有了堅實的基礎。

讓我們再回到那隻被鏈住，但考量到命運無可違逆，自發地決定去散步的小狗，從斯多亞的觀點來看，這隻狗的處境便如同我們自身，為此激昂憤怒，並不能得到適當回報；我們應當接受自己的命運，也跟著起身去散散步，就像那隻聰明的小狗一樣，幸福只是心態問題。

圓滿的幸福

請想像一下，你沒有任何願望跟需要，沒有任何興趣與喜好。也就是說，你不渴不餓，不累也不著急。你沒有事業企圖心，對身邊的人不感興趣，對運動沒有迫切的需求，連好奇心也沒有。你就只是坐在那裡。沒有願望，沒有負面的感覺。沒有哪裡癢，也不內急，什麼都沒有。

請問這樣你幸福嗎？

希臘哲學家伊比鳩魯（Epikur, 341-270 BC）認為，幸福的生活是充滿享樂與喜悅的生活。這種享樂，希臘文稱為 hedoné，因此伊比鳩魯也被認為是享樂主義（Hedonismus）的創建者——這種理論認為，人生追根究底不過是為了享受快樂。不過請注意：伊比鳩魯所說的 hedoné 並不是性愛、毒品跟搖滾樂，正好相反，真正的享樂不外乎是沒有痛苦。他認為快樂有兩種，一種是短暫的，另一種是持久的，短暫的快樂是從滿足需求而來，口渴的人喝到水會感覺到快樂；疲倦的人躺下休息也會感到快樂。這種快樂不外乎是對匱乏的補償，一旦匱乏之感解除了，快樂的感受也會逐漸消失。

除了這種短暫的快樂之外，伊比鳩魯認為，還有一種持久的快樂，而這才會帶來真正幸福的生活。這種持久的快樂，指的是沒有痛苦、也沒有強烈匱乏的狀態，伊比鳩魯是史上第一位提出靈魂的平靜（Ataraxie）的人，並將之當做幸福哲學的核心。他用海面的平靜來比擬，靈魂應該跟無風時的海面一樣平靜；反之，強烈的情緒就像海上的風暴，翻攪著廣大的海面。哲學能夠協助人擺平這些波浪，為人生帶來寧靜與穩定。靈魂的這種無可動搖的狀態，根據伊比鳩魯的說法，就是人生最崇高的目標；其餘的一切，包括財富、朋友與美德，僅僅是達成目標的手段而已。真正幸福的人懂得駕馭欲望，完全不受外在影響的左右，他永遠不會失去穩定的心境，也沒有很高的要求。對伊比鳩魯來說，如果我們渴望長久的幸福，就不應該依靠當需求滿足時產生的正面情緒，而應該在短缺的負面狀態中探求；真正幸福的不是那個在吧檯上口乾舌燥的人，而是那個事先備足了飲水、三不五時喝上一小口，因此不覺得口渴的人。

對於追尋幸福的人，伊比鳩魯的建議是，最好跟三五好友一起退出公共生活，也就是退出政治與商業活動。伊比鳩魯自己就避居在一個隱蔽之地，那裡有座很大的花園，能作為其哲學門派的聚會中心，他的門生時時到那裡朝聖，其中不乏婦女與奴隸——他的幸福哲學是要用於所有人類的。每個人都能成為幸福的人，只是這樣的人不可以有恐懼與憂慮，不論是面對神明、命運的無常或面對死亡。對每一種恐懼，伊比鳩魯都備好了反駁的理由：神明根本不能介入人類的事務；即便是最沉重的命運打擊也都是可以承受的，因為自然預先為人類準備了真正重要的所需；而死亡與我們無關，因為死亡一旦來臨，我們早就已經不在了。

否定你的意志

從需求的滿足中，只能獲得短暫的快樂——伊比鳩魯的想法也出現在叔本華（Arthur Schopenhauer, 1788-1860），這位哲學界牢騷大師的作品裡。他是十九世紀的人，終其一生都離群索居，是個不為時人所識的天才，他唯一的固定伴侶是隻卷毛狗，每隔幾年他就換一隻新的。叔本華是學院門外的人物，還是一名獨樹一幟的厭世者；他認為人類就像豪豬，雖然需要親近與溫暖，但是太靠近的時候又會用刺傷害對方。

叔本華從各種不同的哲學路線裡蒐集了最讓人憂鬱的觀點，從中拼湊出自己的哲學。比如他把康德（Immanuel Kant, 1724-1804）「世界僅僅是一個現象」的觀點與佛教「一切生命都是痛苦」的教義兩相結合。叔本華又說，世界受到黑暗欲望的支配：那是一種盲目求活求存的本能，他稱之為「意志」。這種本能控制著植物與動物，也控制著人類。叔本華認為，我們一生都被自身的需求與愛好驅趕，滿足了一個就急忙趕向下一個，因此，人生就是一場無止盡的追趕；這一個需求一旦得到滿足，下一個需求就又開始醞釀。而在空窗期間，也就是一個需求滿足了，但下一個還沒出現的時候，叔本華說，我們會感覺到極度的無聊，這也讓我們見識到這世界的了無意義。人生彷彿一只懸吊的鐘擺，在痛苦與無聊之間來回擺盪。日後的愛爾蘭文學家王爾德（Oscar Wilde, 1854-1900）寫道：「人生只有兩種悲劇：一種是人無法得其所欲，另一種則是他得到了。」說的也就是這個意思。

不過，叔本華還是認為有辦法可以從這種痛苦中解脫，那就是否定你的意志。放棄所有的想望，也就是我們的幸福，而要達到這種完全摒棄自私本能與欲望的狀態，有三種方式：透過忘我地觀賞美與藝術、透過同情心的感受，或透過冥想與苦行生活。對叔本華而言，對伊比鳩魯亦同，幸福不過是痛苦的闕如——不是願望的滿足，而是毫無願望。

也許你會認為伊比鳩魯學派、叔本華，以及斯多亞學派，都是膽小如鼠的無聊人士，他們只要獲得一丁點就能感到滿足，不想體會各種高低起伏，寧願選擇平庸且枯燥的人生；也許你覺得寧可開一場狂歡派對直到體力耗竭，也不要整個晚上乖乖地待在家裡。那麼，尼采（Friedrich Nietzsche, 1844-1900）會同意你的看法。對他來說，人生是一場激烈的雲霄飛車之旅，囊括了雲霄飛車的一切元素：速度、刺激、極度的恐懼、熱烈的歡欣，甚至還有嘔吐，而一旦飛車抵達終點，就代表你得重頭再搭一次。

永劫回歸

請想像一下，你整個的人生都將無限次地重新上演。一個細節都不少：初吻、校園操場上的談話、兩人共度的每個濃烈夜晚、與上司的爭吵、職場轉換、分手，生養小孩的決定——總之，就是包括一切。如果你設想到你的人生將無限次地重演，你此刻的種種決定會不會有所不同？如果你知道，你的人生將永恆地重複下去，你會不會改變生活方式？

有時候我們會說：「即使再來一次，我還是會這麼做。」我們能不能把這種認定視為檢證標準，來檢視一個人是否過著真實的，或甚至真正成功的人生？是不是當永恆重演的念頭再也嚇不倒我們，甚至讓我們感到歡欣時，我們才真正算是過著自己的人生？

這個思想遊戲來自德國哲學家尼采，他是打碎一切、用鐵鎚做哲學、宣告上帝之死、宣揚一切價值的重估，以及渴望超人降臨的大思想家；其作品中的精神與文筆都給世人留下了深刻的印象，透露出強大的人格。但是他的一生卻飽受痛苦與疾病的折磨，他有嚴重的偏頭痛，在精神失常中死去。有時候我們不禁這樣覺得，尼采用理論來彌補他悲傷的人生：這位屢屢在作品中嘲笑同情心的先生，在看到馬車夫如何用鞭子抽打馬匹時，卻泫然落淚了。

愛你的命運

尼采起初非常著迷於叔本華的悲觀主義，也十分尊崇音樂家華格納（Wagner, 1813-1883），尼采認為，慰藉與救贖只有在藝術中才能尋得，特別是在希臘悲劇與音樂裡，他說：「沒有音樂，人生是一場錯誤。」因為音樂告訴我們，為何痛苦也能充滿快樂，不和諧的音色才能給音樂帶來不可或缺的張力、強度與變化；同樣的道理也適用於人生中的不和諧。根據尼采的說法，我們必須學著把人生當成音樂藝術作品來看待，而且對於那緊繃與潰散的交替變化，還要有美學上的愛好。唯有如此，人悲慘的存在才成為可忍受的：「只有作為美學現象，人與世界才永遠有存在的價值。」尼采寫道。

他後來轉而反對叔本華的悲觀主義，並開始尋找屬於自己的、歡樂的生活哲學，原來的悲觀主義者搖身一變，成為了偉大的人生肯定者；**Amor fati**（對命運之愛）——要愛你的命運，尼采如是要求。這個「最深邃的思想」，尼采寫道，是他在瑞士的山上漫遊時，突然從腦袋裡冒出來的：世界永恆存在，一切事物無止盡地重複循環；然而這種想像不應該讓我們感到不安，而應該讓我們覺得幸福，這是成功人生的檢驗標準。所以，根據尼采的永劫回歸理論，「我們該如何生活？」這個問題的答案，就是：你該那樣生活，以至於你熱愛自己的人生，熱愛到希望每一個片刻都能無限次地重新來過。我們並不能確切知道，尼采是否真的相信有永劫回歸，還是他只是把這種想像當成幸福人生的輔助工具；不過，既然沒有足夠的證據能指出尼采確實相信一切都會一再重複，我們最好從第二種可能性出發，並且捫心自問，這個永劫回歸的想像，是否真的能幫助我們變得幸福。

「因為一切的快樂都要求永恆——要求深遠的，深邃的永恆。」尼采在他的《查拉圖斯特拉如是說》（*Also sprach Zarathustra*, 1883）中如此寫道。確實：在洋溢著歡樂的幸福片刻中，我們會希望此刻永不消逝，一次朋友間的深度交談、兩人共度的甜蜜時光、派對上吸食迷幻藥的快感，或者工作上全神貫注的快樂，這些美好時刻我們從不嫌多。照尼采的說法，這不該只對各別片刻成立，而應該適用於我們全部的人生。所以，在每一次抉擇之前，我們應該問自己：「真的要這麼做嗎？」「現在這個決定將一再重複，直到永遠，這樣你願意嗎？」當然，這種問法會給我們的決定過程加上很大的負擔。這種想法不會太沉重嗎？不會，如果我們是真的希望那樣決定，如果我們心裡完完全全贊同自己的所作所為，那麼我們就不再是單純地過一天算一天，而是開始有意識地生活，並且不再做出敗壞的妥協。有些人也許會活得更有勇氣，另一些人會更謹慎些，有些人會更自我，也有些人會更無我，每個人認為的幸福人生都不太一樣，因此並不存在有一種對所有人皆適用的幸福配方：「我們不應該給每個各別的人制定走向幸福的規範，因為各別的幸福是從每個人自己所不知、但是屬於他自己的法則裡流湧出來的；這樣的幸福只會被從外而來的規範所妨礙與阻擋。」尼采個人的祕密配方就是：過危險與熱烈的生活，從地獄裡走過，克服所有抵抗，讓自己變強，所以他寫道：「幸福是什麼？就是力量愈來愈大、又一個阻礙被克服的感覺。」正如另一句名言的寫照：「那殺不死我的，就讓我更強大。」這句話也是出自尼采這位熱血的漫遊者與登山者，只有辛苦的攀爬才會讓攻頂的人感到幸福，而搭乘纜車上山的人，即使同樣在山頂上，也得不到同樣的快感。

此外，永劫回歸的思想遊戲，從效果上來說，也等於體認到自己生命的有限：**memento mori** ——請記得，人有一天是會死的。時候到了，我們所有人都會死去，機會只有一次，所以我們應該把握機會：格言稱**carpe diem** ——好好享受這一天。這也可能是我們的最後一天。我們也可以問自己：如果我知道自己只剩下五年可以活，我會不會改變現在的生活？哪些事情我會換個方法做？而如果我會改變的話，是否意味著我現在所做的並不是我認為真正正確與重要的事？並不盡然，比如說我也可能決定改成把所有的財產拿來旅行，確實現在的我也有這個選項，但是如果這麼做的話，五年之後我就破產了，而日子還是要繼續過下去，那麼我就慘了。沒有明天的生活方式可能產生非常嚴重的後果，即使我們沒有做某些非常想做的事，並不代表我們錯過了真正的人生，只代表我們另有長期的規畫。提醒自己有一天也會死，不過是告訴我們，不要只有滿手計畫，卻忘記好好生活，因為不知道哪一天、哪一次的雲霄飛車之旅就會抵達終點，而且你將買不到第二張入場卷。

西西弗斯（Sisyphos）與大石頭

請想像一下，你遭到天譴，必須把一顆大石球推上山。你別無選擇，只好往手心裡吐口水，開始認真工作。你用全身的力量頂住那顆渾圓的石頭，慢慢往山上推去，汗水從你的額頭滴了下來，你雙手流血，用整個身體撐著石球，你的臉頰緊緊地壓在那堅硬的石頭上，滿臉因疼痛而扭曲。但是你繼續推著，一步又一步，石球滾了一圈，又是一圈。

漸漸的，你忘記了一切周遭發生的事，不再想昨天或明天，天地間只剩下你跟石頭，你彷彿跟石頭合為一體。你忘記了時間，直到你突然發現，你已經到了山頂。終於到了！但是當你一意識到這件事，石頭就從你手中滑走，滾往山下去了。一切辛苦都白費了。這個工作毫無意義。

此時你聽到諸神的笑聲。他們對你呼喚：「這就是你的命運！你必須一再地推這顆石頭上山。而且每次它都將再度滾下山去。」

你挫敗地往山下走，朝著山下的石頭走去。你深深吸一口氣，清楚地意識到自己的處境。「這塊石頭是我的命運，我的使命。」你這麼想。到了山下，你再度投入這項任務，開始頂那顆石頭——不是因為諸神要求你，完全只因為你願意這麼做，你把自己的命運握在手裡，並突然感覺到，自己是幸福的！

這些思考來自二十世紀的法國哲學家卡謬（Albert Camus, 1913-1960），他是除了沙特（Jean-Paul Sartre, 1905-1980）與西蒙・波娃（Simone de Beauvoir, 1908-1986）之外，最為人所知的存在主義者。存在主義的基本立場是，人類是孤立無援的存在——處在沒有上帝、沒有命運、也沒有計畫的世界裡；存在主義者思索著人類的存在，也關注人生黑暗的一面——死亡、恐懼、絕望與荒謬。然而超越這些現象的是，人類有絕對的自由，如同黑暗世界裡的一道光芒。沙特認為，人類是由自己造就而成的，其本質就是沒有本質，也就是變化多端的存在，能由自己變成一切。我們每個人隨時都可以辭去工作，結束一段關係，移居國外，把一切拋在腦後——我們的人生完全握在自己手中。

在這樣思想背景下，來自阿爾及利亞的卡謬撰述了討論荒謬性的哲學，他認為，上帝既不存在，世界也沒有意義，我們生活在沒有邊際的宇宙裡，住在行星的表殼上，位於銀河系邊緣的某處。日復一日我們出門上班，完成我們的工作，晚上喝點啤酒，然後躺下來睡覺，我們如此生活，彷彿不知道有一天我們都要死去。可是死亡是確定的，我們死亡之後，一切就結束了，然而世界會繼續運轉，好像我們從不曾存在。人類有一天也將完全滅絕，而且不會有人在乎。我們的一生，就像朝生暮死的蜉蝣。

生命沒有意義，這種想法常常為我們所排斥或遺忘，我們如此做事，好像我們所做的事情皆有意義可言，我們把自己跟我們的計畫看得很重要；我們追求各種目標，也為我們的未來做各種準備。也許我們別無選擇，但事實就是如此，我們確實只能這麼做。儘管我們當中有許多人相信，究竟說來，這一切毫無意義。卡謬認為，荒謬性就是建立在這一組對照上：人類會尋求意義，會追求目標，會為自己打算，實際上卻處在漫無邊際、沒有意義的宇宙裡。這種荒謬性，就如同西西弗斯的處境，他也被迫從每日的勞動裡找出意義來。然而終歸而言，他很清楚一點：石頭會再度滾下山。根據卡謬所想，我們的人生就像「西西弗斯的任務」，是一場毫無意義的行動，沒有用處，也不會成功。

但是，最精彩的地方就在這裡：卡謬認為：「我們必須把西西弗斯想像為幸福的人。」人生的毫無意義，對卡謬而言，既不該讓人絕望，也不該讓人逃避到幻覺裡，更不是自我了斷的理由。正好相反：我們應該充分享受我們存在的一切面貌，盡可能積極地把此時此刻過得更好；意識到人生的荒謬性，就等於發現我們的自由。我們認識到，我們沒有什麼可以失去，規範、義務、計畫、憂慮等都變得無關緊要，它們隨意地運作著，就像其他一切事物一樣。唯一能決定我們該怎麼辦的，唯有我們自己，我們終於把自己的命運握在手裡，這種感覺真是棒得不得了。

掌握你的命運

西西弗斯體認到，那塊石頭完全是他自己的事，「他的命運只屬於他自己。」卡謬寫道。這是他覺得幸福之處。這個道理也適用於全人類，在沒有上帝的宇宙中，不存在任何計畫，除非我們自己打造一個。意識到這一點的人，如卡謬所寫，就是「他自己人生的主宰」，自己命運的舵手，他過著自主、完全清醒、充滿熱情、富好奇心且充實的生活，而且他一再地反抗其荒謬的命運，「沒有任何命運是不能用鄙視加以超越的」，卡謬又寫道。人類唯一的尊嚴，就在於其有這種反叛的姿態，這種反叛同時是卡謬人性倫理學的基礎（以情感為核心的倫理學）——因為對非人處境與苦難感到憤怒，人們從孤獨中走出，與身邊的人團結起來，在反叛之中，人從「孤立」（solitaire）變得「團結」（solidaire），也就是從獨行者變成團體中的一員。他開始捍衛某個將他與其他人聯結在一起的事物，並為之奮鬥，那就是人類的尊嚴。

幸福機器

請想像一下：世界上存在一臺幸福機器。如果你把自己接到這部機器上，就能體驗到所渴望的一切：健康、愛情、朋友、性、休閒、成功、財富，以及名望，你將感受到毫無缺憾的幸福。問題在於：你所體驗的，只是個幻覺，不過只要你一連上機器，就會認為那一切都是真實的。

你會怎麼決定呢？你要過自己真實的生活？還是要那個可以親身體驗的夢幻人生？如果你選擇連上機器，你想連接多久？

這個思想實驗來自二〇〇二年過世、曾任教於哈佛大學的美國哲學家諾齊克（Robert Nozick, 1938-2002），這個思想遊戲想要反駁的，是以下這個說法：「對我們人類而言，幸福是最高的價值。」尼采就已經嘲笑過這種享樂主義的觀點，他寫道：「人類並不追求幸福；只有英格蘭人才那麼做。」

事實上，絕大多數的人不會去連接那部機器，儘管連上之後他們會感到更大的幸福。或許對我們來說，關鍵並不僅僅是幸福，為什麼我們不會希望把下半生都掛在這臺機器上？有什麼損失嗎？因為會失去朋友、工作嗎？可是只要我們一連上機器，我們就會感覺有很多朋友，也有工作可做。難道缺少的是痛苦、悲傷，以及苦難這些生活中必不可少的東西？但是如果生活中的不協調的元素，也會讓我們感到幸福的話，那這部機器同樣能在我們的腦中製造這種體驗。只要我們希望，任何體驗都能得到，不管是美好的還是痛苦的。

關鍵在於：好的人生不只是一連串令人渴望的體驗而已，我們要的是真正的、真實的人生。我們想要認識真實世界以及真正的自己，我們想要締結真正的人際關係，並發展自己的人格，我們想要做點什麼，想在世界上有些影響；簡言之，我們想要有所認識、有所行動，並且成為某種模樣。如果我們把自己連到幸福機器上，這些就都辦不到了，儘管感覺起來一切都很美好，這就是為什麼幸福機器應許的終身幸福，反而會讓我們裹足不前。然而為什麼不連接幾個小時或幾天就好了？為什麼不趁放假時間好好利用這部機器，而還是選擇要跑去海邊？沉浸在幻覺裡到底有哪裡糟糕？還有什麼比做白日夢更美妙的事嗎？我們不也喜歡投入電影與文學裡那虛構的世界中嗎？這跟使用幸福機器又有什麼差別？

知識

柏拉圖／一切目的都在追求善之理型
亞里斯多德／可感覺的世界不過是真實世界的仿本
笛卡兒／我思故我在
普特南／指涉必須跟我們有因果的連結
皮隆學派／要達到內心的寧靜，就要先擱置判斷
經驗論／理性所掌握的一切，無一不先在感官之中
蓋提爾／真實且有理由不足以構成知識

我們究竟能對這個世界有什麼認識？我們能認識客觀的真實性嗎？還是必須滿足於只認識現象？哪些見解是我們有充分理由信賴的，哪些又是我們應該批判質疑的？不同的生物、不同的文化是否對世界都有各自不同的視角？是否存在有「正確的」觀看事物的方法？我們在接下來的這個章節裡要著重的，就是這些問題。哲學領域裡專門研究這類問題的是「知識論」。這個理論討論人類的認知方式、知識的來源與界限，背後的動力則是懷疑主義。懷疑論論者是很煩的一群人，他們什麼都懷疑，什麼都要打上問號，有些懷疑論論者在懷疑之中甚至做出「我們根本無法認識任何東西」這樣的推論。一般來說，懷疑論論者的質疑都有很好的理由，比如他們質疑感官知覺的有效性，認為動物會用跟我們不一樣的方式感知這個世界，然而我們怎麼知道我們對事物的看法都是符合真實的？不過，懷疑論論者不只懷疑感官知覺，還懷疑我們的思考能力——我們怎麼知道我們的理性有能力如實地思考這個世界？我們所有人都曾經出過錯，那麼我們如何能確信自己不會總是徹頭徹尾地搞錯了？我們究竟如何確定，恰恰就在此刻，我們不是正在做夢？

有些懷疑論論者並不因為這些懷疑而感到不安，正好相反：他們相信，只有不確定性才能使我們幸福；因為誰要是一輩子都獨斷地生活、總是懷抱立場強硬的意見，就會動輒為各種事情僵持、憤怒與激動，但這些事情其實都可以換個角度來看——懷疑不但不會使人不安，而是使人平靜。

在所有的爭論裡，有個不斷被提出的問題是：知識與真理究竟是什麼？我們什麼時候能以充分的理由主張，我們對任何事物擁有知識？我們真的需要絕對地、百分之百地排除錯誤的可能性，才算擁有知識嗎？還是說，只要大多數線索顯示該認知為真就夠了？什麼時候可以說科學理論為真？當其模型如實描繪了客觀的真實，或者當其能做出正確的預報？這些都不是容易回答的問題，然而我們仍然應該試試看，為此我們首先得走進柏拉圖的地下洞穴裡。

洞穴囚徒

請想像一下：你從一出生就被鏈條綁在洞穴裡，眼睛只能盯著前方的牆，牆上有一些影像可看，你可以聽到從牆上反射回來的、彷彿是那些影子彼此在說話的聲音。你的全世界就是這些看起來活生生的影子，除此之外，其他東西對你來說都不存在。你被囚禁在幻影的世界裡。

現在你的鏈條被解開了，你轉過頭來——幾乎無法相信自己的眼睛，你第一次看到三度空間的、立體的物體，而且你也看到那堆製造影子的火光——之前你一直以為那些影子是真實的東西。如今你發現，原來有人拿著些無生命的雕像走來走去，製造出牆上的影子，他們彼此談話，讓你一直錯以為是影子在講話。也就是說，你過去一直把雕像的影子——也就是仿像的仿像——當成真實的人類，因此是雙重的認知錯誤。現在你看穿了洞穴裡真實的情況。

然而你還沒理解到，你是處在洞穴裡——直到你看到另一道光，那光遠比洞裡的火光更加明亮，你順著那道光往洞口走去，走到日光裡。一開始你因為強光什麼也看不見，你的眼睛需要一些時間來適應耀眼的陽光。你感到眼睛在刺痛。然而你逐漸看到了東西，那種清晰是你從來不曾經驗過的。

直到此刻你才恍然大悟，你先前住在幻影世界裡。你想要走回山洞，對其他囚徒講述你看到怎樣的光亮，然而當你走進山洞，只看到一片漆黑，你的眼睛幾乎無法辨認牆上的影子。其他的囚徒以為你精神不正常，把你當成口出狂言的瘋子，醉心於旁人無法理解的世界。

這個舉世聞名的洞穴囚徒比喻出自西元前四世紀、生活於雅典的柏拉圖，他所創辦的西方第一所學院，可說是今日大學的前身。柏拉圖的老師，也是他最尊崇的典範是蘇格拉底，蘇格拉底喜歡在雅典的廣場上閒逛，拿些討論真理、美與善的哲學問題來糾纏別人。他讓雅典市民捲入深刻的思想辯論，詳細分析他們的生活、價值觀與信念。有別於其他所謂的辯士，只會用演說技巧包裝的尋常智慧來賣錢，蘇格拉底十分謙虛，嘴邊總是掛著「我只知道一件事，就是我什麼都不知道」的說詞，這種無知是會傳染的，憑藉出色的發問技巧，大多時候蘇格拉底都能讓談話的對象深陷困惑之中，柏拉圖形容蘇格拉底像隻電鰩不是沒有原因的：被電到的人都會因麻痺而動彈不得。然而蘇格拉底不只像隻電鰩，還像名產婆：他用靈活的發問幫助談話對象產生出自己的理念與思想，至少在那些蘇格拉底扮演重要角色的對話錄裡，柏拉圖是如此形容他，如果沒有這些對話錄，蘇格拉底的大部分事蹟我們都將不得而知，因為他本人並沒有寫下任何作品，也許是因為他認為，好的哲學只有在口語的對話中才能實現。然而柏拉圖對話錄的性質更像是小說，並不是蘇格拉底實際對話的書面紀錄，所以在詮釋這些對話錄時，我們不能照單全收；儘管如此，藉由這些對話錄，我們還是能約略看到蘇格拉底是用何方式與他的談話對象進行哲學討論，而且透過其中對話者之口，我們也大致理解到柏拉圖自己的理論。

理型的世界

根據柏拉圖的理論，這個感官可見的世界並不是真實的，不過是虛幻的世界，他相信有一個更高的真實存在，也就是「理型（Idee）」[6]的世界。柏拉圖的理型論可以用例子來加以說明：請你拿起手邊的筆，並畫一個圓形。畫好了嗎？你畫的一定不會是完美的圓形，線條上的每一個點一定不會跟圓心有相同的距離，所以這個被畫出來的圓形，相對於真正的圓，只不過是個不精準、略微扭曲的仿本；數學定義上的圓，線條不能有寬度、線條上的每一點距離圓心的長度都必須相等，這根本是人手畫不出來、也看不見的。真正的圓是只能透過思想認知的形狀——一個理型。可是一切感官可見的圓形，不論是大或小，線條是粗或細，是黑色或綠色，精準或不精準，都只不過是對圓之理型的仿本與描繪，只是近似於真正的圓。也就是說，我們必須把圓之理型放在腦裡，當做智性的模版，如此才能判斷被畫出來的圖形究竟是圓形還是六角形；只因為我們認識圓之理型，才使我們能在各別的形狀中辨認出圓形來，所以圓之理型本身是無法用感官認識的，卻能幫我們將感官所見的圓形指認為圓形。理型如同典範。

根據柏拉圖所勾勒的世界，這套說法不只適用於圓形，還適用於一切可能的對象上，比如樹木、人、美好的事物，以及美善的行為。柏拉圖認為有一個樹的理型，其內涵為一切樹木所共有的東西，也就是使一棵樹之所以成為一棵樹的東西；這個樹之理型人既看不到也摸不著，只能是思想的對象。善之理型也是如此，一切善的事物都有某種共同的東西，也就是善的自身；唯有透過這個抽象的善的自身，我們才能夠認知到哪些各別的事物、行為與性格特徵是好的，哪些則不是。我們的行為與思想在在受到善之理型的引導。

柏拉圖認為，我們所做的一切，目的都在追求善之理型；誰要是認識了善，就會做善事。然而他也認為，人得先完成辛苦且漫長的哲學教育，才能認識到真正的善，這套教育需要有五十年之久，在那之後，一個人才算是準備好接受最高的洞見，接著他需要進入塵世，從事政治；他必須為其他的國民指引道路，因為只有哲學家才是好的國王與統治者。可是請注意：誰要是掙脫了鎖鏈、擺脫了洞穴的幻影，就會被其他囚徒認為是瘋

譯註6：柏拉圖的這個概念歷來有數種翻法，另外的譯法有「相」、「理念」、「觀念」等。

子，這有時候也會帶來危險：柏拉圖的老師蘇格拉底就因為他的哲學學說，於西元前三九九年被判處死刑，不得不喝下毒藥自盡；哲學也有可能是致命的。

蘇格拉底提出的「什麼是真」、「什麼是美」、「什麼是善」的問題，對現今的哲學仍然具有指標性的意義，不過雖然柏拉圖的理型論現在已經幾乎找不到贊同的人了，他對人類感官的可靠性所提出的懷疑，仍然沒有過時。我們究竟要怎麼樣才能確知，這個世界真真實實地存在，就跟我們所看到的沒有兩樣？我們有沒有可能被自己的感官所欺騙？

缸中之腦

請想像一下：有一位頂尖聰明又一肚子詭計的神經科學家，昨天晚上偷偷溜進你的房間，將你麻醉，動手術把你的大腦給拿了出來，泡在培養液裡，並連接到一臺巨大的電腦上，以便處理從大腦傳出的神經脈衝，並且向大腦供應數不清的訊號。這名神經科學家能給你的大腦提供特定的刺激，以使得他要你經驗什麼，你就會經驗到什麼。透過電流訊號，他能在你的腦裡製造一切可想像的感覺印象，比如說，讓你此刻覺得周遭的一切都非常熟悉。而這也正是他已經做了的事：事實上從今天早晨開始，你所經歷的一切都是幻覺。你以為自己擁有一具身體，此刻正在讀這本書，可是你的大腦其實是泡在實驗室的培養液裡，接在一部電腦上。如果你想把這本書——你真的以為自己正在看這本書——翻到下一頁，電腦就會確保你的大腦收到特定的訊號，讓你以為自己有手，而且正準備往下翻一頁。

實際上你根本沒翻書，也不是正在閱讀，並沒有坐在椅子上，甚至也沒有呼吸，你只是一個泡在玻璃缸裡的、接上許多電線的大腦。不相信嗎？那你能不能排除這種可能性？

這個思想實驗出自生於一九二六年的美國哲學家普特南（Hilary Putnam, 1926-）之手，但其根本構想要古老得多，我們的一生也許只是一場幻夢——古代的懷疑論論者就已經提出過這種想像了。在一些情況下，我們會受到感官的蒙蔽，比如由於視線不良或藥物影響而造成的視覺錯誤。而且我們常常沒有意識到這類蒙蔽，因為我們把看到的假象當成真實。於是懷疑論論者就問了：有沒有可能，其實我們從來就活在蒙蔽之中？事物真的像我們所感知的那樣存在嗎？其他生物所感覺的這個世界，跟我們所感覺的大概不會一樣，比如狗、蜘蛛，或者蝙蝠，但是誰看到的才是正確的呢？如果我們擁有的向來不過是感官印象，那我們該如何掌握世界的客觀存在？究竟有沒有可以看到現象背後的真實？

我思故我在

十七世紀的法國哲學家笛卡兒（René Descartes, 1596-1650）對認知世界的可能性進行了徹底的懷疑，他想要把一切知識建立在穩固的、無可懷疑的基礎之上，為此他嘗試把任何容許絲毫懷疑的事物通通打上問號。比如他問：我們怎麼確知，我們的生活會不會只是一場夢？畢竟我們在夢中的時候，常常也不知道我們其實是在做夢，而且總是把夢中的經歷當成真實的。這番懷疑推論的最高點，是個跟缸中之腦很接近的思想實驗；笛卡兒說，我們可以想像有個惡靈，它有辦法在我們心中製造各種感覺與思想，並以此作為手段，在我們的眼前變出一個幾可亂真的虛假世界，而且就連最簡單不過的事物，惡靈也能騙過我們，比如說它能讓我們以為一加一等於三，我們甚至不會注意到這其實是錯的。在這裡笛卡兒問了：有沒有什麼事情是這個惡靈絕不可能騙過我們的？有沒有什麼事情是絕對無可懷疑的，那怕是有這樣一隻惡靈竭盡所能地誤導我們？笛卡兒認為，是的，這種無可懷疑的確定性是存在的，那就是「我正在思考」的這個事實；哪怕我思考的一切內容都是被蒙蔽的，「我在思考」的這件事仍然成立。我的的確確在經驗一些什麼、思考一些東西，哪怕我的經驗是虛妄的，我所想的都是錯誤的，我的內心確實在進行一些什麼，這一點我能百分之百地確信，而若是能確定這一點，那我也必定是存在的。「我思故我在」（cogito ergo sum），笛卡兒如此寫道。對自己經驗的意識，是人類知識無可懷疑的基礎，同時也是自我存在的證據。

指涉必須有因果聯結

普特南把笛卡兒的惡靈思想實驗轉譯到我們的時代裡，既然今日的科學認為，我們所意識到的經驗，都是經由腦內的運作所產生的，所以原則上，對大腦進行有目標的刺激，是有可能製造出特定經驗來的，這個過程不需要身體，因為畢竟這些經驗都是在大腦裡被製造的。當我們看見一朵紅玫瑰，我們的眼睛先把訊息傳達給大腦，接著大腦會製造出紅色的圖像；而如果能夠在大腦內製造完全相同的狀態，則從眼睛到腦的過程就可以省略了，只要有人的大腦受到此訊號的操控，那他也會看到同樣的一朵紅玫瑰，即使四周其實一朵也沒有。至於看到日落、散步、或者一個親密的吻等經驗，也可以如法泡製。透過腦部操控，原則上沒有什麼經驗是變不出來的，也許普特南所想已經實現了，也許我們的大腦已經都泡在培養液裡，被接上密密麻麻的訊號線，並在有意的操控之下，自以為擁有身體，自以為正在讀一本書。我們該如何排除這種可能性？我們是否能確定，自己不是被泡在玻璃缸中裡的一塊大腦？

普特南認為：是的，我們能確知自己不僅僅是一塊缸中的大腦。他的論證十分繁複，讓不少哲學家想破了腦袋。普特南思考的路線，是從另一個思想遊戲開始：

請想像一下，有隻螞蟻在沙地上走，留下一些痕跡，結果這痕跡看起來像是邱吉爾的肖像。現在請問你：這隻螞蟻真的畫了邱吉爾的肖像嗎？應該不是吧，螞蟻的足跡很像邱吉爾只不過是出於偶然，螞蟻本身根本沒有要在沙地上為邱吉爾畫肖像的意思，畢竟螞蟻根本不知道邱吉爾是什麼東西，根本也無法這樣做。

就好像如果一個幼兒在紙上亂畫，意外畫出像是愛因斯坦著名公式 $E=mc^2$ 的圖案，我們也不會認為，這個小孩寫出了愛因斯坦的公式，畢竟這小孩既不知道愛因斯坦，也沒有理解廣義相對論的能力。

到這裡為止都沒有問題，但是這些例子究竟想指出什麼？普特南的意思是：在這兩個情況裡，指涉關係都失效了。螞蟻的足跡畫並不指涉邱吉爾，小小孩的塗鴉指的也不是愛因斯坦的能量公式，這兩個例子裡頭都少了表述與被表述之間的聯結，不管那隻螞蟻的足跡有多像邱吉爾，小孩的塗鴉有多像愛因斯坦的公式都一樣。光只是「像」，似乎不足以構成意思的呈現（Repräsentation）。但是這些推論跟上述問題「我們是否可能真的只是缸中的一塊大腦」又有什麼關係？

根據普特南的理論，我們並不是什麼事物都能指涉；我們所指涉的事物，必須跟我們有因果的聯結。例如當我在原野上漫步，眼前出現了一棵樹，這棵樹會在我內心引發知覺印象，因此我會想：「我眼前有一棵樹。」，因為「樹」這個字有所指涉，才會讓我產生此知覺印象。同樣的，當澳洲某處的樹叢燃起了大火，原住民大喊「哇布！」時，我們會認為，「哇布」指的是火，因為恰好是火促使他們如此表述。現在讓我們把這種說法應用到缸中之腦的問題上，假設有一塊泡在培養液裡的大腦，它相信它看到前面有一棵樹。當然，這個感官印象不是由一棵樹觸發的，而是來自一臺與這塊腦連線的超級電腦。如果這個人從出生起就如此連上這臺電腦，他也就從來不曾接觸過真正的樹，他一切對樹的感官印象都不是來自真正的樹木，而是由電腦所觸發；那麼，如果「樹」這個字是觸發「樹的感官印象」的原因的話，那麼當這腦子泡在玻璃缸裡的人使用「樹」這個字的時候，關聯到的只能是電腦指令——這個人絕無可能指稱真正的樹木。

就像螞蟻不能指稱邱吉爾，缸中之腦同樣也不能指稱外在世界的客體，他的整個世界只是那部電腦；即使這個被插滿訊號線的人經驗到和我們一樣的內容，他也無法指稱樹木或人、不能指稱落日、也不能指稱天鵝。他所有的感官印象都是電腦指令的產物，所以當他說「太陽下山」或「天鵝」時，他指稱的也只是電腦指令，就連當他說「樹木」、「大腦」時也不能例外。他甚至無法思考大腦或玻璃培養皿，所以根本也無從思考自己會不會只是缸中之腦這樣的問題。唯有我們這些不是缸中之腦的人，才能夠思考缸中之腦的問題；所以，以為自己只是玻璃缸中的一塊大腦，這種想法必定是錯誤的：要麼我是缸中之腦，那我就不可能以為自己是缸中之腦；要麼我不是缸中之腦，那麼我雖然可以這麼猜想，但這一定是錯誤的推斷。然而說到這裡還是有個問題：我怎麼知道我能否思考缸中之腦的命題？我要從何得知，我所說的話語是否能指涉真正的樹木和大腦，還是這一切其實都只關涉到電腦指令？

普特南排除缸中之腦可能性所用的這些論證，引起了廣泛的爭論，支持者與反對者始終無法達成協議——在哲學裡常常都是這樣。然而我們約略可以得出，懷疑論的主張幾乎是無法擊潰的，搞不好我們一輩子活在一個長長的夢境裡，或者我們真的是缸中之腦也不一定。百分之百排除或許辦不到，但是這並不能代表什麼，不管好還是不好，我們都得與這種不確定性共存。有些懷疑論論者認為不確定性的好處大過於壞處，因為我們需要這種不確定感，才能過幸福的生活。這就是所謂的「皮隆學派」（Pyrrhoneer），我們將在下一個思想實驗中討論。

孟希豪森（Münchhausen）的三難困境

請想像一下，你有個四歲的孩子，整天不停地問你「為什麼」。「你現在得穿上鞋子了！」「為什麼？」「因為我們要出門了。」「為什麼？」「我們還得去買東西。」「為什麼？」「冰箱已經空了啊。」「為什麼？」剩下的請自己想像，也許你很清楚這種困難，因為自己小時候就這麼問過：不管大人給出什麼理由，小孩子都能往下問下去；大人才說完一個理由，小孩又問出另一個問題，如此接連下去沒有止盡。

從邏輯的觀點，你有不多不少三個選項：要麼你持續地給每個理由提出理由，但這樣的話你得跟小孩說個沒完，以至於無法在商店打烊前去採購。要麼你解釋到了某個時候就不玩了，直接說「這本來就是這樣，沒有什麼理由好說」。要麼，作為第三個選項，你可以給出循環的論證，比如你對小孩說：「我們得去採購，因為你肚子餓了。」「你肚子餓了，因為冰箱已經空了，而我們得去買吃的。」A的原因是B，B的原因是C，C的原因則是A。可惜這三個可能的選項都不能令人滿意：無止盡的論證序列只會沒完沒了，而獨斷地終止問答過於專橫，最後的循環論證卻根本是無效的。

於是你困在三難困境裡，完全沒辦法好好給你的小孩解釋，為什麼他現在應該穿上鞋子！

這個三難困境一般認為是由古代懷疑論論者阿格利帕（Agrippa, 64/63-12 BC）所提出，德國哲學家阿爾伯特（Hans Albert, 1921-）將之稱為「孟希豪森三難困境」（Münchhausen-Trilemma），引用的典故是孟希豪森男爵靠著拉扯自己的頭髮，把自己從流沙裡拉出來的故事，這是根本不可能的事，但是要替問題找出原因，真的像把自己拉出流沙一樣不可能嗎？「是的。」古希臘皮隆學派的懷疑論論者如此認為。皮隆學派的祖師爺與典範是來自伊利斯[7]的皮隆（Pyrrhon von Elis, 360-270BC）。據說他將一切都置於懷疑之下，因而總是能保持內心的寧靜，有文獻稱他有次在海上遇到暴風雨，全船的人都非常驚慌，但是皮隆仍然面不改色。他指出，雖然有暴風雨，但是船上的豬還是氣定神閒地吃著東西，因此他認為，在保持內心寧靜的這件事上，人類還有很多要向豬學習的地方。

擱置你的判斷

皮隆學派的懷疑論是最徹底的懷疑形式，信奉者相信，我們所能判斷的，僅僅是事物如何出現在我們眼前，卻從來不能判斷，事物的真實存在到底是什麼模樣；他們認為，在每一句論斷上，都應該在前面加上「我此刻覺得……」這幾個字。若是不加的話，就是狂妄，或者會導致矛盾。蘇格拉底的名言「我知道我什麼都不知道」嚴格說來是自我矛盾的——誰要是什麼都不知道，也就不可能知道他什麼都不知道，不然的話，他就是同時既什麼也不知道，但卻又知道「我什麼都不知道」這一件事，而這是互

譯註7：伊利斯（Elis）為位於希臘伯羅奔尼撒半島西部的一座城市。

相抵觸的。類似的批判也適用於「一切都是相對的」這個主張，此主張本身究竟是相對的還是絕對的？如果是相對的，那麼就失去了其論證的效力，但如果是絕對的，那又與自身的命題自相矛盾。皮隆學派的追隨者試著避免這類陷阱，辦法是，他們只陳述事物此刻在他們眼前是什麼情況，例如：「我覺得，我們無法確知任何事物。」或者說：「一切看起來似乎是相對的。」

皮隆學派認為，每種意見都存在同樣有力的理由來支持與反對，不管主題是什麼，正方與反方永遠勢均力敵。宇宙是有限還是無限？上帝是否存在？核能應該支持還是反對？頭巾該禁止還是允許？動物該寵愛還是屠宰？民主應該保護還是廢除？理性與感覺哪一個更值得信賴？物理學與祕密宗教哪一個更值得信仰？皮隆學派的人認為，所有的問題都不可能做出有充分理由的判斷，你隨時可以找到同樣多的理由來支持一方與另外一方，他們把這種對反觀點之間的平衡稱之為「均力原則」（Isosthenie）。

他們認為，誰要是明白在每個問題上，正方跟反對方的力量都一樣大，就會停止再繼續下判斷，他們用 Epoché[8] 來表達這種不做判斷的狀態：從這種狀態裡可以獲得內心的寧靜，即所謂的「心如止水」（Ataraxie）。因為誰要是能從所有固定的意見解脫出來，也就能放下所有憂慮，不再受憤怒與急切之擾；如果你根本不能確定金錢財富值不值得追求，那當你遇到強盜，或當社會發生動盪時，你的反應就會很平靜，因為對你來說，那並不是世界末日；如果你認為絕對真理並不存在，就會對持異議者更為寬容，也不會輕易在旅途上，因為各地的風俗民情差異而失去平常心。然而這種對萬事萬物保持距離的心態，不只帶來了冷漠的危險，還會導致決斷能力的喪失，對此皮隆學派也有應對的辦法：無論在思想還是行動上，他們都以主觀印象為依歸，端看事物對其造成什麼影響；儘管支持與反對的理由似乎勢均力敵，他們卻依然倒向其中一方，而且不需要理由——也許順從他們所受的教育、所屬的文化、或者單單只由於當下的心情。他們並不反對，這種不需要理由的傾向性。

也就是說，皮隆學派的懷疑論論者認為，要達到內心的寧靜，就要先擱置判斷，而判斷之擱置，又是因為他們相信每一種確信都不比反面的信念更為強大，然而他們要如何論證這個均力原則？彼此反對的意見之間存在力量的平衡，這件事又該怎麼證明？為此，皮隆學派的追隨者準備了一整座彈藥庫的懷疑論證。除了上述的三難困境以外，相對性論證是他們最重要的懷疑理由，這個論證是說：對一件事情，總是會有多個的視角，從不同的視角看去，或者在不同的背景脈絡底下，事物看起來是不一樣的，

譯註8：希臘文ἐποχή，就是「擱置判斷」之意。

因此每個現象總是容許不只一種解讀。如果我們硬是要堅持其中的一種解讀，那就可能發生一個情況：未來的世世代代會把我們的觀點當成笑柄。人們一度相信地球是個圓盤、有女巫的存在、黑人是次等的，以及科技進步必定會給我們帶來幸福等等謬論，雖然直到今天，我們還對動物的價值低於人、機器人無法有感覺、我們不能永遠活下去等說法深信不疑，但是，等著看吧！

對於皮隆學派的相對性論證，有一點必須說明：儘管人們有各種不同的觀點，但是從此事實並不能得出一切都是相對的、沒有所謂對與錯這樣的結論；一方可能是對的，另一方可能是錯的。比如拿兩性平等的問題來說，從前多數人認為，女性並不具有跟男性相同的權利，但那樣的觀點完全是錯的；「但是在那些人的觀點裡那並沒有錯」這樣的反駁，完全可以代換為「他們把一件錯誤的事當成是對的」。不過，為什麼我們今天可以這麼肯定我們是對的？因為我們對支持兩性平權，比起反對兩性平權，有更好的理由。可是，問題又來了，什麼叫好的理由？符合古蘭經的教義，可以算是支持一個信念的好理由嗎？原教旨主義者就認為算，要他們接受相反的信念，需要耐心、同理心，以及敏銳的洞察力。就你個人而言，如果要改變你根深柢固的信念，讓你的世界觀崩潰倒下，會需要多少功夫？

比如說，如果有人要讓你不再相信物理學與人權，而是改信巫毒教，並相信奴隸制度在道德上並無可議之處，他該怎麼做？光用論證夠嗎？

我們還是可以擁有知識

最後讓我們回到孟希豪森三難困境：這個論述指出，任何給出理由的嘗試都是注定要失敗的，給出理由到了某個階段，就不得不中斷，而且沒有理由。因此，我們用所有信念所堆成的高塔，其實只是奠基在散沙之上，隨時都可以崩潰倒下。但是真的是這樣嗎？所有理由序列的結束點都是專橫且無理的嗎？讓我們考察一個例子：麗莎覺得身體不舒服。**我怎麼知道的？**她告訴我的。**她的話可信嗎？**我覺得可以吧，我不覺得她像在說謊，也想不到她有什麼理由需要對我講假話。**但是我能不能排除她有可能說謊？**沒辦法很肯定。可是我還是會認為，我確實知道她身體不舒服，畢竟她是親口告訴我的。那我還要求什麼別的呢？我又不能跑到她的身體裡去感覺一下她所感覺到的。如果一定要鑽到別人的身體裡才能知道，那我們就真的對其他人的內在感受完完全全地一無所知了。但這種說法卻是荒謬的，就好像有人主張，能夠一分鐘內治好所有疾病的人才真正算是個醫生，所以這個世界沒有醫生一樣的荒謬。這種要求根本違反現實，也沒有人提，所以我們並不這樣說。

我們可以再看看另一句話：「昨天晚餐時有義大利麵可以吃」。**我怎麼知道？**我還記得。**我的記憶不可能騙我嗎？**可能。不過一般來說我的記憶沒什麼問題。**用記憶來證明一個說法是可靠的，這樣夠嗎？**如果這樣不夠的話，那我們就得把一切事情都紀錄下來，以便隔天還能確知我們昨天都做了什麼。這太荒謬了！

最後讓我們再觀察一下「明天會下雪」這個論斷。**我怎麼知道？**我看了天氣預報。**我怎麼知道天氣預報準不準確？**目前為止預報大多都是準的。所以雖然不必然表示這則預報會準，但是準的機率很高。十八世紀的蘇格蘭哲學家休謨（David Hume, 1711-1776）就指出：我們永遠不能確定明天太陽還會升起。雖然這是對的，但是我們應該就此停止判斷明天太陽是否升起嗎？大概不用吧。所有跡象都指出會，沒有證據指出不會。所以呢，我們完全有理由這麼說：「我知道明天太陽將會升起。」但是我們還是有可能是錯的。這種哲學立場是「可謬論」（Fallibilismus），而且或許是當今最顯赫的哲學立場，可謬論區分知識與確定性：可謬論論者認為，即便無法絕對確定，我們還是可以擁有知識。這樣說很好，因為絕對的確定性是我們永遠無法企及的。此一洞見正是拜懷疑論論者之賜。

缺少的藍

請想像一下，你去裁縫店，想訂做藍色的襯衫。當身材尺寸量好之後，裁縫問你襯衫想要哪一種藍色，他的意思是店裡有二十種不同的藍色，於是就拿了目錄給你看，目錄上只有十九塊布樣，第十三號藍的可惜已經不見了，不過那就是一種介於第十二號與第十四號之間的藍色。你確實也最喜歡第十二號與第十四號的色樣，所以你猜，介於中間的藍色可能正是你要的。裁縫說：「沒問題的。十二號跟十四號你已經看到了，你只要想像在這兩號正中間的顏色就好了，就用一下你的想像力吧！」你遵照了裁縫的指示，開始用力地想，可是不知怎麼回事，這麼做比想像中的困難——又怎麼會容易呢？畢竟你這輩子還不曾看過這種藍色。

裁縫又給了點協助：「請你想像比十二號更綠一點，但是又不到十四號那樣綠。」突然間你成功了，覺得在心裡清楚地看到失落的十三號藍色。「這就是我要的襯衫顏色！」你這麼想，並且心滿意足地回家了。

到家之後，你又開始懷疑，並問自己：「想像一個自己從未見過的顏色？這怎麼可能呢？」

這個例子出自哲學家休謨；他與洛克（John Locke, 1632-1704）及柏克萊（George Berkeley, 1685-1753）同是經驗論論者。經驗論是一種哲學思潮；這些人主張，我們對世界的一切知識都是通過感官知覺的中介而獲得的，「理性所掌握的一切，無一不先在感官之中」便是經驗論論者高舉的標語。洛克是英國經驗論的奠基者，他把人在出生時的心智比擬為沒有寫過字的白紙，一塊「全新的蠟板」（tabula rasa）[9]他在這裡特別針對的就是所謂的理性論論者；後者主張，人具有天生的理念與知識，柏拉圖，理性論的始祖就已經主張了，哲學洞見不能透過感覺與經驗，只能靠純粹的沉思來獲得，也就是透過回憶的方式。柏拉圖把知識的學習視為一種回憶，在《美諾篇》（*Menon*）的對話錄裡，柏拉圖描述蘇格拉底如何教導沒受過教育的奴隸幾何學，蘇格拉底只是提出問題，讓奴隸靠自己獲得正確的解答，柏拉圖把奴隸學習這個知識的過程形容為「記起某個他曾經知道過的，但後來又忘掉了的東西」。根據柏拉圖的說法，我們的靈魂在出生之前已經知曉所有數學與哲學的真理，只是在出生與獲得身體的過程中，將之忘記了。

後來的理性論論者比如笛卡兒、史賓諾沙（Baruch de Spinoza, 1632-

1677）及萊布尼茲（Gottfried Wilhelm Leibniz, 1646-1716）也提出論證，主張特定的洞見與理念，並不是經由經驗才進入我們的心智的，而是打從一開始就已存在；他們指稱的這些天生的理念，包括邏輯法則、「我」的概念、同一性原則、數字、善的理念或者上帝的理念。比如笛卡兒就如此論證上帝的存在：「我們一出生就具有對無限的存有者的想像。」可是這個無限者的概念不可能從我們之內產生，因為我們是有限的存有者，這只能從上帝那裡而來。

而經驗論論者對此表示反對，他們要證明，我們一切的理念跟想像都是經由經驗獲得，我們所能想像的任何東西，先前都必定在某處用感官知覺過，不管是清楚或模糊的。休謨指出，儘管金山是我們不曾見過、也不存在的東西，但是我們仍然能夠想像出一座金山，此事之所以可能，是因為我們經驗過黃金的製品、而且也見過山的緣故；他認為，金山不過是把我們對黃金與山的想像組合起來的產物。

既然感官印象可以加以組合與改變，這就給我們的想像力打開了廣闊的、但並非無限的施展空間，十三號藍色的例子也許是模稜兩可的思想實驗，休謨或許是想指出其理論的困難之處；因為我們並不能總是清楚，一個新的想像究竟是已知感官印象的變種，還是是某個全新的東西。然而我

譯註9：拉丁文，指一張完全刮平、供首次使用的蠟板，古代的書寫工具。

們可以確定的是，盲人無法想像金山，同理他們也不能想像十三號藍色是怎麼回事；他們缺乏進行這些想像所必須的黃金、山、藍色的感官印象，也就不能擁有相應的概念。休謨認為，所謂概念，不過是對感官印象的粗糙拓印，或是不甚準確的複製品而已，而沒有感官印象就沒有概念。然而感官印象究竟從何而來？我們又怎麼知道這些感官印象是否忠實地反映了真實？感覺器官真的對我們展現了世界的真貌嗎？

經驗論與懷疑主義的論戰

洛克認為，只有特定的感官印象會忠實地符合事物的客觀性質，他區分首要的感官性質如大小、形狀、厚度或者位移，以及次要的感官性質，如顏色、氣味、口味、硬度或溫度。只有首要的感官性質會對我們展示事物的客觀特性，相對地，次要的感官性質僅僅是主觀的，也就是我們心智的產物；在真實的世界裡，既不存在顏色、也沒有氣味，只存在極小的、彼此碰撞的粒子。

柏克萊批評了洛克對主要性質與次要性質的區分；他認為，就連首要的感官性質也只是主觀的，所謂形狀、大小與位移也僅僅存在於我們的心智裡。休謨由此得出懷疑主義的論斷：對於世界本身，我們只能憑空猜想；然而只要信念與認知模式能良好運作，而且我們能在這個世界上正常生活，那麼就沒有必要為這種認知的不確定性感到擔憂。

經驗論論者認為，我們的理性是從簡單的感官印象出發，來建構愈來愈複雜的概念，比如金屬、生命、自我、自然法則或者上帝的概念。不過休謨的觀點是，我們在製造這些概念時也會出錯，多數的概念是經過對感官印象的重組與抽象化而構成的，並再也無法跟原來的感覺聯結起來；理性在這裡脫離了感官，不受拘束地編造、發明出空洞的幻象。休謨認為自我概念、因果關係原則，以及上帝概念就屬於這種情況。

讓我解釋一下休謨的理論是什麼意思，當我們進入自己的內心，仔細地觀察自己，我們不會發現「我」這個印象，只會找到一大堆感官知覺的印象，由有意識的經驗所組成的串流，別的東西是找不到的，休謨如此認為。同樣的說法也適用於因果律：從來沒有人真正觀察到過原因和結果之間有一股力量在傳遞；當一顆滾動的撞球撞擊到另一顆靜止的撞球，我們唯一能觀察到的只是有一顆停住了，而另一顆開始滾動，然而造成這種結果的力量本身，卻無法為我們看見。事實上在撞球裡也許有小小的發動機：靜止撞球的發動機，也許是在受到滾動撞球撞擊的那個剎那，才正好啟動的。而滾動撞球的發動機，可能是在碰到靜止撞球時正好被關上的。根據休謨的想法，這整件事情只是因為看起像是相撞，而給我們產生了力量傳遞的印象，實際上根本沒有什麼力量傳遞這回事。因果律不過是空洞的概念，缺乏感官印象的基礎來支持，人們純粹只是由於習慣才製造了這種概念：我們觀察到，特定事件總是引發特定事件，我們太習慣看這些事件以如此順序發生，以至於無法在看到前者時，而不想像到後者。我們把這種心理習慣錯誤地套用到自然之上，然後以為自然界中也存在強制性的法則，規定了各種事物能做什麼、不能做什麼；然而在休謨看來，這種「自然法則」不過是我們習以為常的例常現象而已。

至於上帝的概念，休謨也沒有比自我概念與因果律高明到哪裡去的理論，上帝的概念是建立在錯誤的類比與願望之上的，背後沒有充分的感官印象為基礎。然而對經驗論論者來說，觀察才是檢驗一切確信的試金石，所以任何超越感官的論述，打從一開始就應該受到懷疑，都被當做是沒有內涵的憑空嘟囔。事實上，許多經驗論論者最大的關懷，就是要把玄想的形上學清掃一空，改而信賴實事求是的、建立在觀察與實驗之上的科學。波帕（Karl Popper, 1902-1994），二十世紀奧地利與英國裔的哲學家，也仍然屬於這個傳統；他的訴求是，科學理論成立的要件，是必須可以通過觀察而被推翻的，也就是必須具有「可否證性」（falsifizierbar）。例如像是「一切都是命運」或者「你的人生即將進入轉折的關鍵」這樣的述句都是無法否證的，所以都是違反科學的；如果你喜歡占星術，你應該趕快檢查一下那些占星的述句是否能夠被證明為偽，你一定會發現，大多數占星術的文字是如此的模糊，如此需要多方詮釋，以至於幾乎無法被反駁，也因此或多或少適用於我們所有人。

科學理論的品管標準

對今日的自然科學理論來說，必須與觀察一致仍然是最重要的要求，然而我們常常無法直接觀察到理論背後所牽涉的對象與法則，而只能觀察其效應與結果；直到目前為止，還沒有人真正看過夸克[10]，或者看過暗能量[11]長什麼樣子。然而現在人們普遍認為，所有的物質客體都由夸克組成，而且宇宙中有百分之七十是暗能量。

物理學提供給我們的，是可以解釋現象與預測現象的模型，至於這些模型是否正確反映了客觀的實在，追根究底而言，我們永遠不會知道。我們能看到的一切，都只是現象，不過，就連希臘神話也能解釋為什麼有打

譯註10：夸克（Quark）是在電子之後被發現的另一種基本粒子，也是構成物質的基本單元，目前尚無法直接觀測，只有在其互相結合成複合粒子時，才能被觀測到。

譯註11：解釋宇宙加速膨脹現象的一種假說。

雷：宙斯又發脾氣了，所以在展示他的力量。那我們為什麼不相信希臘神話呢？因為電能釋放的理論能做出更好的預測，設定也比較簡單，比較不會使用到神祕難解的存在。所以，除了實證的適用性之外，預測能力、簡單明瞭及使用較少玄祕的元素這三項，也都是檢驗科學理論的品管標準。

我們雖然知道怎麼判斷一個理論是否比另一個更好，但是我們還是不知道什麼是知識，在本章的最後一個思想實驗，我們要更仔細地好好考察一下「知識」這個概念。大多數重要的哲學概念都有些難纏之處，「知識」這個概念自然也不例外。

故障的鐘、正確的時間

請想像一下，你剛走完漫長的夏季健行，疲倦地回到老家的村子裡。因為你把手機跟手錶都忘在家裡了，所以你並不知道現在幾點了，可是你看到教堂鐘塔上的鐘指著七點半，於是你得知現在的時間了。

但是請你想像，教堂的塔鐘其實在整整十二小時之前就不再走了，在這個情況下，時鐘此時所指的時間雖然還是正確的，但是這不過是出於偶然。因為如果你十分鐘後才抬頭看鐘，也就是七點四十分時才看，鐘塔的時間就會是錯的，因為它一直都停在七點半。

所以呢，假設你在七點半的時候看了那個故障的鐘指著七點半，於是認為現在是七點半，那麼你算不算知道現在是七點半？事實上，對於此時時刻，你擁有正確且有理由的認知。也就是說，你所知的是正確的時間，而且有很好的理由支持你的認知，因為你不是憑空認定，而是看了鐘塔的時間。假設塔上的鐘沒有故障，那會是很好的理由，我們可以說，你確實知道現在幾點鐘。但是現在鐘其實已經停了，只是出於偶然、碰巧在這一刻指著正確的時間。這樣的話，人們不會說你真的知道此刻的時間。

那麼，知識是否僅僅只是一個正確且有理由支撐的意見呢？

自柏拉圖以降，許許多多的哲學家都這麼相信，知識就是正確且有理由支持的意見，誰要是**知道**什麼，就是擁有符合真實、有道理的確信。人們普遍接受一種看法：人只能**知道**真實的事物。確實你也可以相信地球是圓盤，可是你沒辦法**知道**地球是圓盤；有時候我們確實也會說「對中世紀的人們而言，地球是個圓盤是一個**知識**」，然而我們的意思不過是說，那時候的人類**以為**自己知道地球是個圓盤；但真相是他們搞錯了，他們信以為真的知識其實根本不是知識。所以，**為真**是知識的必要條件。然而光憑一個為真的確信仍然算不上是知識，知識還需要理由；誰要是中了樂透，他並不是知道樂透的號碼，而只是運氣好。知識不只是一種預感、臆測與猜想：知識還需要用理由來支持。所以知識是真實且有理由的意見。至少兩千年以來人們都是這樣認為的。

知識需要真實的確信

一九六三年有位名叫蓋提爾（Edmund Gettier, 1927-）的美國哲學家對這個存在已久的定義提出了反駁，原本蓋提爾什麼都不想發表，但是旁人一直要求他寫出來，最後他交出了一篇只有三頁的論文。結果，那篇文章成了二十世紀最重要的哲學論文。蓋提爾提出了兩個思想實驗，三兩下就把歷史悠久的古典知識定義「知識是真實且有理由的意見」給推翻了，在那之後，有數不清的哲學論文都在討論這個題目，也出現了好幾個新的知識理論，這一切都只因為他那三頁論文！

另一位生於二十世紀的哲學家高德曼（Alvin Goldman, 1938-）也跟其他許多人一樣，自己構想了一些所謂蓋提爾事件的例子，也就是人雖然有符合真實且有理由支持的意見，然而卻並不擁有知識的例子。有一個例子是這樣說的：亨利開車載兒子穿過農業區，當他們從一座穀倉旁邊開過時，兒子問：「爸比，這是什麼？」亨利回答：「這是穀倉。」雖然亨利的答案是對的，但這件事有個麻煩之處：這個區域裡所有的穀倉，除了亨利說的這一座以外，都是用紙板搭的假穀倉，也就是製作精良的穀倉模型。這是當地搭造的觀光賣點，但是亨利並不知情，從前這個區域只有一座穀倉，這個穀倉被原地保留了，所以亨利不過是正好在經過這個穀倉時，恰巧被兒子問起那是什麼，一切都是純屬運氣。如果他兒子早一點或晚一點問，那亨利就會給出錯誤的答案，因為這些真假穀倉之間在視覺上完全無法區別。所以亨利沒有理由認為，他看到的穀倉只是模型；一切跡象都顯示，那座建築就是穀倉，因此他有一個符合真實而且有理由的確信。但是，他這樣算知道他所指的建築是穀倉嗎？高德曼認為，不算。因為這其中有太多運氣成分了，他本來差一點就會答錯，他本來完全可能會指著模型說那是穀倉，並就此陷入錯誤。亨利真實的確信，就像中樂透的人一樣，他的感官印象給他的確信提供了理由，然而這個印象卻是不可靠的，沒辦法分辨穀倉跟模型。高德曼認為，一個意見要能算做知識，必須建立在可靠的方法之上，亨利的情況就與此不符。可是，那什麼時候形成意見的過程才是可靠的呢？能在大多數情況下都得到真實的確信才算可靠。但是這樣就夠了嗎？

最後讓我們再看一個思想實驗。假設有人（偷偷地而且在麻醉下）在你的大腦裡植入了一個小小的溫度裝置，這個裝置會在你的大腦裡持續地製造出溫度的真實確信來，這個裝置的運作極端可靠，但是你並不知道自己的腦袋裡被植入了這個東西。於是你對溫度的判斷總是正確，可是你從來沒有真的拿出溫度計來，對自己直覺就知道的溫度做個系統的測試。你覺得自己好像每次都是用猜的，但事實上，你每次說的溫度都是對的。假設我問你，現在氣溫多少。你想了一秒鐘就憑直覺回答：二十五度。真是絲毫不差。但是你算是真的知道此刻是二十五度嗎？既然你拿不出理由來說明，為什麼你的判斷就應該是正確的？

這些問題與思索顯示：我們根本不知道什麼叫知識。只有在釐清這些概念性的問題之後，我們才能問，我們能從這個世界知道什麼。所以，「我們能否認識真實」這個問題，不只取決於我們與世界，而且首先取決於我們的知識概念。在這裡我們再度確認：我們必須先釐清這些概念，才能從根本上理解這個問題。只有在那之後，我們才能開始尋找答案。

道德

效益論／道德價值由行為的結果衡量

康德／永遠不要把人類當成達成目的的工具

亞里斯多德／我應該做哪一種人？

辛格／有能力的，就該救人

普列希特／可不可以吃動物？

湯普森／人總是擁有正當防衛的權利

你最好的朋友心情盪到了谷底，因為他的女友把他給甩了。你可以不管他，依照既定的計畫去度假，讓他一個人留在家裡痛苦嗎？我們總是遇到這類道德問題：我應該照顧生病的母親還是去拯救陷入危機的公司？我可以對另一半撒謊嗎？我要捐出收入的十分之一去幫助發展中國家嗎？我可不可以買那些在違反人權的工作條件下生產的衣服？我可以因為吃肉而殺生嗎？政府應不應該為了防止恐怖攻擊，而侵犯公民的隱私？我可以把有缺陷的胎兒墮掉嗎？我可否剝削我自己？人們當初是不是該殺掉希特勒？我們可不可以用酷刑對待炸彈客的小女兒，逼她說出埋設炸彈的位置，好拯救數以千計平民的生命？

我們都問過自己這類問題。哲學理論當中特別有企圖嘗試回答這些問題的，是道德哲學，或者稱倫理學。這門哲學尋求為道德規範建立理由，也就是說，試著為「你不應該殺生」或者「答應了就要做到」這類的**應該述句**找出理由，並且將其歸結到普遍性的原則上；倫理學想要找出，哪些事是應該做的，以及為什麼一個行為在道德上是正確或錯誤的。

從幾十年前開始，也出現了所謂的應用倫理學，這個學門關注的是在生活中出現的具體倫理問題，比如生命倫理學（Bioethik），試圖從倫理的角度，關注能否允許基因科技、墮胎、安樂死、代理孕母或器官捐贈等問題。動物倫理學研究我們對待動物的倫理問題，比如能否飼養動物、動物實驗，以及屠宰動物等等。而媒體倫理學則會詢問比如「狗仔隊可不可以到處窺探名流的隱私」的問題？

倫理學關切道德的正確性。然而，在道德裡真的有所謂正確與錯誤嗎？我可不可以規範我的鄰居該怎麼生活？道德是奠基於理性的理由還是以情感為基礎？哲學也討論這些問題，這門學問稱為後設倫理學（Metaethik），後設倫理學追問倫理學所有努力背後的東西，研究道德規範究竟能不能為真、到底能不能以理性說明其理由。

許多人認為，在哲學領域內，倫理學是最吸引人的科目，因為倫理學直接關係到我們的生活，我們的生活也在很大的程度上，由他們所給出的答案決定。不過，要冷靜、理性地討論倫理問題並不容易，因為只要一牽涉到道德，情緒很快就會沸騰起來；我們對自己信奉的道德確信，當然會非常在意，誰要是持了不同的看法，我們有時候甚至會跟他絕交。所以在探討倫理學的問題時，抱持著蘇格拉底的「無知」美德是很重要的，要能不帶成見、心懷善意、自我批判，以及有好奇心。只要是更好的論證就接受，不管討論之旅是往哪個方向發展，對話的結局總是開放的。沒有預設立場的人，也就沒有什麼可以輸，而且誰要是已經有了既定的立場，也可以在對話結束時決定改換立場。至少這是我非常個人的討論策略，以免自己受到成見的約束，還有個很好用的策略是：任何意見，如果不能說明理由，就不要說出來。這樣我們很快就會發現，原來我們的意見一大堆，好理由卻很少。

但是現在輪到你了：你會把這個胖子從橋上推下去嗎？

電車與胖子

請想像一下，你觀察到一列無人駕駛的電車，正朝著五名軌道工人疾駛過去。這些工人都帶著護耳罩，而且因為軌道旁幾乎無處可閃，所以沒有可能逃脫，這列電車將會輾死那五名工人。只有你還可以阻止這場災難，意思是說，你可以切換轉轍器，開關的把手就在你的旁邊。然而請注意：如果你切換轉轍器，電車將切換到另一條支線上，而那條線上也有一個工人，電車如果駛過去，他也將會喪生。然而你就只有這兩個選項。要麼你什麼也不做，讓五個人死去，要麼你切換轉轍器，讓一個人死亡。你怎麼選擇？讓電車改道，好讓只有一個軌道工人死去並讓另外五個人得以活命，這樣是對的嗎？

如果你想的是「只死一個比死五個好」，那再請你想像一下以下這個類似的、而且有點殘忍的狀況：這輛無人駕駛的電車正往五名工人駛去，這次沒有轉轍器，也沒有第二條軌道。你本人站在橋上，電車正要從橋下衝過去，唯一可以阻止電車的辦法，就是把站在你旁邊的胖子推下橋去，讓他卡在電車之前，使電車停下來，五名軌道工人就能得救，可是這位胖子當然就死了。

你會怎麼做？你會要殺害這個胖子，以便救那五條人命嗎？

我們很難知道，自己在這樣的情況下實際上會如何反應，不過這也完全不是重點，重點在於，在這樣的情況下，我們**應該**怎麼做；什麼才是道德正確的？什麼才是比較好的？至於現實中這種狀況是否幾乎從未出現，同樣也完全不重要。藉由這兩個及其他類似的案例，哲學想要找出的是：是什麼東西讓行為成為道德正確，什麼又讓行為在道德上錯誤？為什麼這樣做是好的，那樣做又是壞的？這些思想實驗讓我們看到，我們的道德方向感怎麼運作，以及，它哪裡需要修正。

這些電車的例子非常出名，起先是由英國的哲學家菲麗帕·傅特（Philippa Foot, 1920-2010）在一九六〇年代提出，後來由美國哲學家朱蒂絲·湯普森（Judith Jarvis Thompson, 1929-）改編成許多不同的版本。直到現在都還有人在研究這些「電車問題」（trolley problems），連心理學陣營都不缺席，不久前有研究指出，如果用外語敘述案例的話，會有更多人覺得應該把那位胖子推下橋去，這大概是因為使用外語會產生一定的距離感，理性計算的思維也會被啟動。然而這只是初步的假說，讓我們在這裡把心理學忘掉，回到這些哲學問題。

積極與消極的道德差異

在電車問題裡，湯普森特別關注的是：積極的作為與消極的不作為之間，道德上存在著怎樣的差異；因為我們常常覺得，做壞事比不做好事更應該受到譴責，即便兩者造成的結果相同。請想像一下：

你參加選美比賽，跟競爭者一起在舞臺後方等待登臺，當坐在你旁邊的女孩站起來、往舞臺前走去時，你看見她的衣服上染到一大塊咖啡污漬。你本來可以把她叫回來，但是轉念一想，這樣你就少了一個競爭者，獲勝的機會就更大了，所以就沒說話。這種行為已經不太好了，但是再請你想像一下，這塊咖啡污漬就是你偷偷倒在她的衣服上的。那這是不是糟糕許多？是的話，為什麼？

為什麼動手殺死兒童，比起讓兒童餓死，是更壞的事？前者我們永遠不會做，但是我們天天讓後者發生，所以，在殺害跟讓人死亡之間，一定存在道德的差異。不過光是說「沒做的事就沒有罪過」是不夠的，因為誰要是沒有給他養的貓咪喝水，以至於貓渴死了，那他雖然沒做什麼，但還是有罪過。有些人甚至會說，是他造成了貓的死亡，儘管他實際上什麼事也沒做。積極的作為跟消極的不作為之間的差異，是很難界定的。而且為什麼其中一個比另外一個更壞，也並不很清楚。

假設你預謀把兄弟淹死在游泳池裡，這麼一來就不用跟他均分遺產，你開車去他家，看到他正在游泳池例行性地來回游泳。可是突然間，他因為心肌梗塞叫喊了起來，你只是看著兄弟在痙攣中呻吟著，然後淹死在池裡。這個結果，比起你動手把他淹死，不是一樣壞嗎？還是只要動手，就一定在道德上更會受到譴責？法律上無論如何是這樣沒錯。不只我們的直覺，刑法也在大多數的情況下，著重區分殺人與任人死亡的差別。對此，也許有一個簡單的解答：殺人之所以比任人死亡更糟，是因為殺人一定也包括任人死亡。如果我把小孩推到水裡並任其淹死，就等於同時犯了兩個錯誤：推到水裡及袖手旁觀。但如果我看到有人把小孩推到水裡讓他淹死，那我只犯了一個錯誤——袖手旁觀。儘管這也夠壞了，但是比不上積極動手那麼壞。

內在的道德方向盤

讓我們把分辨動手與坐視不管這個棘手的問題放在一邊，回來關注電車的問題。你現在會怎麼決定？你會在第一個例子切換轉轍器，但是在第二個例子不把那位胖子推下陸橋嗎？大多數人認為，在第一個例子切換轉轍器是正確的，儘管這樣做會導致某人死亡——「死一個比死五個好」，這是他們的理由。然而你卻覺得，無論如何都不應該把那位胖子推下橋，即便那樣就可以拯救五條性命。為什麼在第一個例子裡可以「用一條人命救五條人命」，在第二個例子裡卻不可以「用一條人命救五條人命」？差別在哪裡？兩個例子都有積極的作為：第一個例子是扳動把手，第二個例子是把人推下陸橋，結果也一樣：都是一人喪生五人獲救。到底有什麼不同？一個常見的回答是：「在第二個例子裡，我就是直接且有意地殺人了」。確實，我是**用自己的雙手**抓住那位胖先生，並**故意**把他推向死亡。讓我們把這兩個重點看得更仔細一點。

身體的接觸或許是心理障礙，不過這裡要問的是，接觸與否，在道德判斷上重要嗎？引爆炸彈導致十萬人死亡，比起動手一個接一個地殺死十萬人，道德上有比較好嗎？從心理因素的角度來說，引爆炸彈比動手殺人要簡單，但是道德上可譴責的程度大概是一樣的。在胖子的案例上，我們還可以把道德問題跟心理問題明明白白地分開來：我們現在假設，那位胖先生是站在一個活板門上；你可以從遠處用把手讓那扇門向下打開，這樣一來，你在兩個電車案例裡的動作就完全一樣了：你只要扳動把手就好。在一個例子裡你讓電車走上另一條軌道，導致一人喪生，在另一個例子裡，你打開活板門，導致他掉下去，擋住了電車，並因此喪生。現在你會在最後的這個版本裡打開活板門了嗎？還是你仍然維持原來的想法，決定讓五個人死亡？大多數人或許仍然會讓胖先生留在陸橋上，看起來在轉轍器與活板門的把手之間，好像還是有個重要的差別。但，那是什麼呢？

一個很有潛力的答案是：切換轉轍器時，我並非有意殺死那位工人，我只是接受他死亡的結果而已，但是那位胖先生卻是被我故意丟到電車底下的，以便救五名工人的性命。這個回答有說到重點，不過我們必須做更仔細的觀察。倫理學有「雙重效應原則」，是指一個行動常常有兩種效果，其中一種是我們希望達到的，另外一種則是我們希望避免的，可是得到好的效果的時候，卻無法不同時接受壞的結果。關鍵字出現了——「附帶性損害」（Kollateralschaden），例如對敵方軍事要塞進行轟炸，以結束戰爭，至於會造成平民喪生，也只好吞下去了，因為若不轟炸，剩下唯一的選擇就是進行陸地的血腥戰鬥，而且很可能會輸；也就是說，為了達成某個目標，只好接受本來並不樂見的附帶性損害。轉轍器的例子也是這樣：為了救五名工人，只好接受另外一人死亡，然而在胖子之死的例子卻不一樣：他的死亡並非「只好接受」。在這裡，一個人被化約成一塊肉，被當成僅僅是達成目標的工具，這種把人類工具化的行為，會激起我們的道德憤慨，我們內在的道德方向盤在這裡有明確的指向，即便因此有五個人喪生也不管。雙重效應原則在這裡不適用，因為道德感要求：壞的效應不應被當成實現好結果的工具。

義務與效益的取捨

假設有名外科醫生移植器官的技術非常精良，以至於器官總是能被受捐贈者的身體接受。現在正好有五名病患在等待名單上：兩人迫切需要一葉肺、兩人需要一枚腎臟，還有一人亟需要心臟，所有人都有相同的罕見血型。這時碰巧有位健康的年輕人到醫院來做例行的健康檢查，他正好有跟五名病患完全相同的罕見血型，所以是潛在可能的器官捐贈者。那麼，這位外科醫生可不可以殺掉他，把他的器官拿來拯救五個病人？當然不行！我們記得工具化的禁令——人類不可以被當成工具來加以濫用。

但是到了下面這個例子，我們又該如何判斷？有個恐怖分子在柏林藏了一枚炸彈，炸彈威力足以把整個城市炸到天上，已經沒有足夠的時間全城疏散了，這時我們可以對炸彈客刑求逼供，以即時找到炸彈的埋放處嗎？假設他的小女兒知道地點，而且唯一獲得口供的辦法就是刑求他的小女兒，那麼我們可以這麼做嗎？我們都知道不得刑求的禁令，這是寫在聯合國的世界人權宣言及歐洲議會的歐洲人權公約裡的，此外，這也明確記載在德國基本法裡，不過在瑞士，刑求並非犯罪的構成要件；這個議題有很多爭論，在倫理學上也是高度爭議，因為這裡有兩個影響深遠的道德理論互相對立。我說的即是效益論與義務論，難處在於，我們對兩種理論都有好感，但是在某些例子上，只有一個理論能是正確的。

效益論主張，行為的道德價值僅僅由行為的結果來衡量。簡單的說，規則是這樣：如果你要知道一個行為好還是不好，就看它的結果。實踐上就是，如果一個行為能讓相關人等的福祉極大化與痛苦極小化，那就去做。最大多數人的最大福祉——所以「死一個比死五個好」也就是一種效益論的論述。

義務論則不同：根據義務論，行為的道德價值不只在其結果，也在行為本身；有些行為本身就是壞的，不管能產生多少的善都一樣，殺人、刑求、偷竊都屬於此類。這些行為是無條件的錯誤，也不能透過成本利益的計算來提升其價值，不管是在何種處境下，有些事情人就是不准做。這些道德的禁止告示板保護著我們的人類尊嚴，也防止我們的利益或生命因為公共利益而被犧牲。

效益論重要的代表人物是兩位英格蘭哲學家，邊沁（Jeremy Bentham, 748-1832）及彌爾頓（John Stuart Mill, 1806-1873），延續這個思考路線，且目前仍然在世的最著名支持者是澳洲哲學家辛格（Peter Singer, 1946）。而位於另一端的義務論哲學家裡，最重要的是康德，來自俄羅斯科尼斯堡（Königsberg）的啟蒙大師，也是聲名狼籍的「定言令式」（kategorischer Imperativ）的創造者。

既然在倫理學的領域裡不可能繞過康德，我們應該簡短地談一下他的理論，根據康德的想法，如果行為源自於善的意願，也就是行為的背後有善良的企圖，那麼該行為就是善的。可是，怎樣的企圖算是善的呢？康德的答案簡單到讓人不可置信：如果我希望所有人都根據這個企圖來行事，那麼此企圖就是善的。康德認為，我們的行為基本原則，他稱之為「信條」（Maximen），必須是可普遍化的。我有一個行為基本原則，如果我能希望所有其他人都依照此行為行事，那麼這個基本原則就是好的。為什麼我們不應該把垃圾倒在街上、不應該違背做過的承諾、不應該欺騙我們的朋友？因為我們無法正經八百地希望所有人都這麼做，這就是康德著名的**定言令式**。用他自己的話來說，定言令式就是「請只按照那些你願意成為普遍法則的信條而行事」。這個要求是斷然截然的，不帶假設性的，無須先決條件就能成立；每一個人都應該在任何時候與任何地方依循這個要求，不論他當時有怎樣的私人利益與目標。

根據康德，要測驗我們行事原則的道德品質，一個很好的判斷準則就是，這個原則是否可以普遍化。此外，在我們對道德正確的日常理解中，就已經蘊藏了可普遍化與公正不阿的理念。只要想一下從前家裡長輩常說的話就好：每當我們又做了什麼糟糕的事，他們就會說：「你想想，如果每個人都這樣做，那不就天下大亂！」這就是康德的倫理學根本的理念。

但是要注意：定言令式跟那句著名的黃金守則「己所不欲，勿施於人」並不是同一回事，也不是這個守則的正面表達版本「你願意別人怎麼對待你，就請你那樣對待別人」。因為針對各種利益不同的人，這守則要求的行為也不同。相反地，定言令式要求每個人的都一樣——被虐待狂依照黃金守則會變成虐待狂，但是依照定言令式他卻不會改變。

康德給這個定言令式創造了好幾個表述方式，除了上面提到的普遍性表述之外，還有「自身即目的表述」（Selbstzweckformel）也值得一提：「你的行事作為，不只要把你自己、也要把旁人作為人類的資格，無論在什麼時候，都視為目的，永遠不當成僅僅是手段來使用。」簡單地說就是：人不是手段。永遠不要把人類當成達成目的的工具，這也包括不能把自己當工具。意思是說，不要剝削你自己，也不要讓你徒自荒廢。所以，根據康德的理論，我們對我們自身也負有義務，他甚至認為，我們有義務實現我們的天分與可能性；誰要是日復一日地成天坐在電視前面，那就是犯下道德的錯誤。這是個有趣、但是引起爭議的想法。你覺得呢？有什麼事情是人在任何情況下都不准對自己做的？

德蕾莎修女與精神病患

請想像兩個人物：一位是心地善良、擁有傑出的道德性格、本性上就傾向道德正確的行為。她幾乎從未思考過道德問題，但總是從本能做出正確的事。如果別人問她，為什麼如此為他人奉獻自己，她總是說：「我無法不這麼做。」在她的行為裡，反映的是她善良、充滿同情心的本質，她樂於為他人犧牲奉獻，總是熱情地關懷窮人、病人、流離失所以及被歧視的人，為此她獲得了諾貝爾和平獎。讓我們稱呼這位女士為德蕾莎修女。

第二個人物是一名精神病患，病症是他對其他人欠缺同情心，如果有人在他面前受苦，他完全不會有感覺，他會在旁邊看，沒有想幫忙的衝動。然而隨著時間過去，他也學會了如何處理同情心匱乏的問題，他對道德進行許多思索，理解最重要的各家理論，也知道什麼是對、什麼是錯。此外他還給自己設置了一套嚴格的紀律，雖然他的心是冷的，而且他的本性並不傾向行善，但是他讓自己的行為嚴格遵循道德的思考，他每次都重新克服自私的傾向，總是做出正確的事。此時他已經把自己的一生都奉獻給在全世界消除貧窮的工作，由於貢獻卓著，他也得了諾貝爾和平獎。讓我們稱這位先生為富有紀律的精神病患。

無論是德蕾莎修女或富有紀律的精神病患，所做的都是道德正確的行為，從表面看來，兩人幾乎沒有差別。不過德蕾莎修女有道德且良善的性格，所行的善事都是從內心由衷出發，而富有紀律的精神病患卻是只憑道德思索行動，內心沒有同情也沒有助人的渴望，他欠缺善良的性格。不過德蕾莎修女也欠缺道德的思維：她沒有行事的原則，也無法為自己的決定說明理由，她就是一直行善，就像本能一樣。

現在要請你回答的問題是：這兩人當中誰是更好的典範？誰的人生更值得讚美？哪一個人更符合你所想像的道德理想？

這個思想遊戲要追溯到亞里斯多德，他在《尼可馬赫倫理學》一書裡勾勒出了德性倫理學（Ethik der Tugenden）。在進行道德判斷時，效用論首重的是行為的結果，義務論檢查行為本身有沒有損害任何原則，德性論則關注行為者的本人及其性格。根據亞里斯多德的德性倫理學，最重要的並非我們的行為是否有好的結果、或者我們做的是不是好事，而是我們要成為美好的人——德性論的基本問題不是「我該做什麼？」而是「我應該做哪一種人？」

當我們譴責或稱讚他人時，著眼的常常都是他的個性與人格，比起判斷他人的行為，我們更常判斷他人的特性與本質。我們讚美一個人富同情心、有勇氣、寬容、誠實，以及樂於助人，批評另一個人自私自利、不顧慮旁人、吝嗇、懦弱，以及不誠實。誠實的人有時也可以說謊，就像樂於助人的人有時也可以說「不」。我們評判這些人首先不是依據他的行為，而是看他們內在的優點與缺點，如果有些行為引起我們注意，是因為其中呈現了行為者的性格與人格。藉由作為，我們表現出自己是怎樣的人。

在富有紀律的精神病患的案例裡，情況就不一樣：他雖然依循道德思維而行為，但是背後並沒有充滿美德的人格特質，道德就他而言是理智的事，而無關情感；德蕾莎修女則完全不同：在她的德性行為中，顯露的是她充滿同情心的本性與善良的性格，她如果不幫助別人，自己就會寢食難安，助人對她來說，是幸福與充實的人生中不可或缺的一部分，就像睡眠與飲食一樣。然而，如果她的道德直覺突然讓她判斷錯誤，或者突然完全失靈，會發生什麼事呢？她還能仰賴她的道德方向感嗎？這時候，智性的理解會不會是很好的支柱，能幫助她修正錯誤？

亞里斯多德認為，對真正成功的、既善美又幸福的人生而言，性格美德與理智美德兩者都不可或缺，也就是說，美好的人除了正確的性格，也要有正確的思想。富有紀律的精神病患只做到一半，因為他只是執行其理智所要求的事，儘管這也值得讚賞，但是依照亞里斯多德的說法，這個人不會幸福——他無法發展他自己，他的本性只能停滯不前。不過德蕾沙修女同樣不符合理想，因為她的善心仰賴著偶然性的眷顧，她善良的心性可能突然有一天就消失了，或者甚至變得與原來相反——她缺乏理智與良好理由的引導，情感隨時可能犯錯，也可能產生變化。換言之，如果德蕾莎修女從小在強盜集團裡長大，她還會不會是這樣的性情呢？

亞里斯多德認為，理智應該引導我們的性情——特別是萬一性情朝錯誤的方向發展的時候，理智也應該在具體的事態中協助我們做出判斷。光是有良好的動機是不夠的，我們還必須知道，在具體的狀況中，那個善究竟是什麼。我該多常拜訪我的父母？什麼時候我應該允許我的小孩看電視？我應該對女友說我對她愈來愈沒有感覺了嗎？我該如何告訴一個人，這分工作不適合他？在這些例子上，我們需要非常纖細的道德神經，也就是亞里斯多德說的判斷力，並認為這需要經驗的輔助，就像醫生需要臨床經驗，才能在具體的情況裡做出對的判斷，同樣地，在道德事件上，我們也需要經驗與判斷力，才能知道如何在具體的案例下實踐道德的善；我們的性格與本性確立目標，理智則負責找出達成目標的途徑與手段。

根據亞里斯多德的理想，這些目標是處在兩個極端之間的中點，就像美德一樣；勇敢位於膽怯與蠢動冒進之間，慷慨大方位於浪費與吝嗇之間，友善可親則介於諂媚與動輒爭辯之間。每一項美德都是各自向度上的黃金中點，擁有黃金比例。而且這些美德都是可以訓練、熟練與調整的，美德是一種態度，人人都可以透過鍛鍊而取得。知足、勇氣、大方，以及同情心這些美德，亞里斯多德認為都可以後天習得。只要反覆做出正確的行為，這些正確的態度與性情就會在心裡生根；膽怯會消失，揮霍無度會減少，同情心會增長。亞里斯多德認為應該要有講求快樂的教育——畢竟我們不只應該實踐道德之善，也應該要為此感到快樂。

池中小孩

請想像一下，你在上班的路上經過池塘，突然間你注意到，有個幼小的孩子在池裡快淹死了，除了你以外沒有別人可以救他。如果你很快採取行動，進到池塘裡去，你可以救起這個孩子，然而你昨天剛買的昂貴的皮鞋跟褲子就都完了，都只能丟掉，此外你還會錯過重要的會議。你應該救這個小孩嗎？這不是個適當的問題，當然你應該救那個小孩！為什麼？因為這是在你的能力之內，而且你沒有什麼了不得的損失，跟一條人命比起來，損失衣服跟錯過會議能算什麼呢？

好，如果是這樣的話，那我們大多數人都會進退兩難：因為如果我們不是把錢花在那些我們並不真正需要的消費商品上，而是把這筆錢捐出去，那我們隨時都可以拯救貧困兒童的性命。我們本來可以不必買那麼昂貴的鞋子跟褲子，這筆錢本來是可以捐贈的。

那麼，我們這些買得起奢侈品的人，是不是就像讓小孩在眼前溺死而見死不救的人？我們有義務去幫助貧困的人，就像我們有義務把小孩從池塘中救出來嗎？

這個知名的例子出自澳洲哲學家辛格之手。辛格是非常活躍的思想家，致力於維護動物福祉及消滅貧窮，貧窮一直屬於人類世界面臨的最大挑戰，直到今天也仍然如此。其實我們全都早就知道那些數據：百分之一的人擁有將近一半的世界財富，超過百分之四十的人活在貧窮之中，換句話說，約二十七億人每日收入低於兩美元，其中超過十億人的每日生活費甚至不到一美元，這些人嚴重缺乏飲用水、糧食與醫藥，每天有兩萬五千名兒童因貧困而死亡。每天！這些兒童其實是可以不必死的，辛格相信我們可以消滅這些貧窮，而且他還相信，我們對此負有道德義務。

讓我們更仔細一點看他的論證，這個池塘的例子便是辛格論證的起點，在這裡，我們每個人都會同意，我們有道德義務去拯救那個小孩的生命，即便會因此毀掉昂貴的衣服。但是只有很少數人會認為，我們因此再也不可以買昂貴的衣服，而是必須把錢捐助發展中國家的發展援助。所以，池塘邊的情況跟我們的日常生活到底哪裡不一樣？首先，距離不同：池塘裡的小孩在我們眼前溺死，但是非洲與亞洲的小孩，卻死在離德國很遠的地方。俗話說，「眼不見為淨」，我們缺乏足夠的情緒來促成行動，因為不是近在眼前，我們就沒有動機。可是，距離遠近在道德考量上重要嗎？距離遙遠就可以充當不作為的正當理由嗎？大概不行吧。因為如果我們能光靠按個按鈕，或者能把手臂直接伸到非洲去拯救小孩的性命，那我們無論如何都應該這麼做。

也許關鍵在於欠缺直接的關係？既然我們住在歐洲，我們不可能直接到非洲當地去進行救援，而是必須以財務支持其他人去救援。不過池塘的例子也可以改一下，假設我們不會游泳，唯一救那小孩的辦法，就是給救生機器人投一塊銅板，然後機器人就會游過去把小孩救起來。當然，那樣的話每個人都會投幣的。也許你會說，問題沒那麼簡單，許多慈善機構都會濫用捐款，天知道那些援助會不會送到非洲。但是我們也可以說，假如那臺救生機器人只有百分之五十的成功率，每兩個案例裡它只能救起一個小孩，你會因此就不投那個銅板嗎？大概不至於吧。

還有一些地方是池中小孩與因貧窮而死的小孩不同之處。在池塘邊，你是唯一能拯救小孩的人，可是世界上另外還有成千上萬的人可以捐錢。不過，這足夠當成不捐錢的理由嗎？假設除了你以外，池塘邊還有另外三個人，但是沒有人出手，這就能減少你拯救小孩的道德義務嗎？有完全免除嗎？

也許關鍵並不在救助者的多寡，而是在於等待救援的人數？假如池塘中有三個孩童將要溺斃，而你只能救出其中一人？這個情況比較符合今天真實的狀況：每天有兩萬五千名兒童死於貧困。不過這能解除你救助的義務嗎？完全不救人，會比任意救一個，但是讓另外兩個死去更好嗎？

讓我們把例子再做點變化：假設有個小孩在游泳池裡正要淹死，而且他是被另外一個孩子推下去的，游泳池邊有池中小孩的母親、推人的小孩，以及「飛魚」菲爾普斯，世界上最強的游泳選手。誰最該跳下去救人？這個例子表明的是，在救助者跟亟需拯救的小孩之間，可以有哪些不同的關係；推人下水的小孩是禍首，菲爾普斯是救援能力最強的人，母親是池中小孩社會關係上最親近的人。誰救助的義務是最大的呢？我認為是菲爾普斯，即便這個問題不是他造成的也一樣。為什麼？單純因為救個人對他而言太輕鬆了，當然，在事情過去之後，那個把人推下水的孩子應該要接受一頓教訓，好讓這樣的事以後不再發生。因為一般說來，最直接負有義務的人是肇事者。

每顆螺絲釘都大有可為

倫理學上有所謂消極義務與積極義務，消極義務要求我們不得給別人造成傷害，而積極義務則要求我們提供援助。在我們的觀感裡，傷害別人比不幫助別人更壞，所以不傷害他人的消極義務，比要幫助別人的積極義務更為重大。因此一般說來，誰要是造成傷害，誰就應該負責補償，但是因為那個推人的孩子不會游泳，所以菲爾普斯必須下水救人。

當我們把游泳池的例子轉換到世界的貧窮問題上，誰是推人的小孩、誰是池中小孩的母親、誰是菲爾普斯，這些問題一點都不容易回答。問題的脈絡太過複雜，實證的數據不夠清晰也充滿爭議。儘管如此，這三組區分或許可以讓我們看清楚責任範圍的問題：肇事者可以是進行剝削的跨國企業、腐敗的獨裁者，或那些維護不公平貿易關係的機構；救援能力最強的或許是聯合國教科文組織（UNESCO）、世界銀行或者紅十字會；關係最親近的則是貧困兒童的家庭、村落社群或者當地國家。

辛格強調我們有救援的義務；他標舉的口號是：「有能力的，就該救人。」相對地，在耶魯大學任教的德國哲學家伯格（Thomas Pogge, 1953）訴求的是，我們有義務不要造成傷害，以及，有義務將造成的傷害加以彌補。伯格相信，我們全都參與製造了全球的貧窮問題，所以我們負有彌補損害的義務。根據伯格的理念，我們根本不應該跟腐敗與極權的政府進行交易，因為這些政府剝削他們的人民，從向西方國家出口原物料賺取利潤，再用進口的武器維持政權，伯格認為這形同窩贓[12]。此外，豪奢的掌權者還可以把個人的負債變成國家債務，也可以以國家之名不斷舉債花用。這種遊戲規則是不公平的，我們卻參與這種遊戲，我們提供武器，提供貸款，並向他們購買原物料。

對此英國哲學家米勒（David Miller, 1942-）提出反駁：他認為要負主要責任的不是全球秩序，而是各別國家與他們的專制暴君，因為並非所有國家都受到現行秩序的損害，有些國家在克服貧困問題上能夠端出很出色的成果；在一條路況很差的路上，如果發生各別的意外，負首要責任的還是汽車駕駛，而不是建設局。

在今天這個由全球網路聯結起來世界裡，各種關係脈絡變得幾乎再也看不清楚。在每個購物決定中，我們都對這些關係造成極小的影響——我們支持了一些人，忽略了另一些人。此外，作為生活在民主政體裡的人，我們可以參與決定明天的全球遊戲規則該是什麼模樣，可惜我們能轉的那顆螺絲釘卻是極其微小，就像一小滴冷水落在滾燙的石頭上。然而，像辛格或伯格這樣的哲學家說明了一點：只要你相信石頭的溫度會隨著每滴冷水降低一點點，我們就還是大有可為。

吃人肉的外星人

請想像一下，有外星人降落在我們這顆行星上，他們有極高的智慧，

譯註12：窩贓（Hehlerei）指藏匿或收買他人不法取得的財物，以獲取自己的利益。這裡意思大概是，獨裁政權剝削人民取得的原物料是不法財物，所以西方國家購買這些原物料就是窩贓。

無論在身體、認知與科技能力上都遠遠高於我們。他們把我們關起來，奴役我們，把我們用於醫學研究，用我們的皮膚生產皮革商品。此外他們還把我們當成美味的食物，特別是我們的小孩，因為小孩的肉特別嫩。這些外星人認為這種殘忍的行為是正當的，理由是：「我們的智慧比人類高太多了，站在更高的發展階段上。這些低等的生物並不享有跟我們一樣的尊嚴，他們的意識非常原始，就跟他們的溝通方式一樣簡陋。他們的生命並不跟我們有同等的價值。」

這些外星人覺得自己在道德上是優越的；他們對待人類的方式，就像我們對待動物一樣：把我們關在籠子裡，進行飼養與繁殖，並且屠宰我們年幼的小孩。

這些外星人怎麼能說他們的行為是正當的？

這個思想遊戲出自德國的明星哲學家普列希特（Richard David Precht, 1964-），暢銷書《我是誰？》（*Wer bin ich – und wenn ja, wie viele?*, 2012）的作者之手。「我們可不可以吃動物」（如果可以的話，可以吃多少？）這個問題正受到德國大眾的熱烈討論，也是許多倫理學家非常優先的研究項目。在歐洲，愈來愈多人不再吃肉，而且嚴格素食主義者的人數也在成長，與一般素食者不同的是，他們不只不吃肉，而且拒絕一切動物性的產品，不論是牛奶、蛋、蜂蜜、皮革製品或羽絨產品，他們還拒絕使用經過動物實驗而生產的化妝品。不過，他們的理由是什麼？他們的論述有道理嗎？還是這僅僅是天真的淑世者一股暫時的熱潮？

在進入動物倫理的爭論之前，我們應該先弄清楚一些數據。每年在德國有七億五千萬頭動物被屠宰，德國人平均一年消費六十公斤肉品，等於每個人一生吃下一千一百頭動物，這個驚人的肉品消費也對環境造成極大的影響：生產一公斤牛肉會消耗一萬五千多公升的水，十六公斤的穀類飼料，毀滅五十平方公尺的原始雨林，所產生的溫室氣體比汽車開兩百五十公里還多。這也意味著：全世界的牲畜飼養所製造的溫室氣體，遠遠超過全世界運輸業的總和。

這些數據所傳達的訊息是一明二白的。然而氣候與環境並不是唯一用來反對吃肉的理由，在哲學界裡，動物倫理的考量更是討論的核心，比如：我們是否真的有權力把動物關起來、飼養、繁殖並宰殺？為什麼我們用跟對待人類完全不一樣的方式來對待動物？

殺人和殺動物的差異

首先引人注意的是，我們與動物的關係非常矛盾：我們愛護家裡的寵物，但是屠宰食用的動物，我們大多數人都吃牛羊，但是不吃馬跟狗，兔子我們也吃，但是不吃天竺鼠。這純粹是隨機的嗎？據說在中國沒有什麼動物是不能吃的。那麼怎麼做才是對的？哪些動物可以給人吃？究竟我們有沒有權利隨意食用動物？

首先我們要注意到：我們人類也是動物。當我們說「動物」時，意思通常都是「人以外的動物」，比如狗、豬與黑猩猩。還有一點很明顯的是：我們對待動物跟對待人類不一樣，我們對動物做的事，是永遠不會對人做的；我們把牠們關起來、進行剝削、把牠們的小孩奪走、在牠們身上做實驗、殺害牠們、把牠們吃掉或者放到動物園裡展示。我們是不是多少應該說明，用如此不同的方式對待動物是合理的。但是如何說明呢？應該有某種東西把人類與動物區分開來，比如一種特性是所有人類都具有、所有動物都缺少的。再者，此特性必須在道德上有意義，因為並非所有特性都具有道德意涵，豬有四隻腳及一條捲尾巴，但那並不能構成我們屠殺他們的正當理由。人與人之間也有許多明顯的差異，比如膚色與性別，是無關道德的。雖然從前人們相信這些差異在倫理上是重要的，因而黑人遭到奴役，女性受到壓迫。但是人們後來認識到這是不對的。也許今天我們又來到這樣一個點上，應該要學到教訓、並徹底改變我們的行為？還是真的有什麼好理由，能允許我們用比對待他人更壞的方式來對待動物？人類相對於動物的關鍵差別究竟在哪裡？為什麼殺動物是允許的，殺人卻不允許？

答案一：我們一直都是這樣做的。反對：奴役黑人與反對婦女投票權的人也這麼說——悠久的傳統並不是好理由。

答案二：人類需要肉食。反對：這並不正確，人不是非吃肉不可。世界最大的獨立營養組織美國營養學會（Academy of Nutrition and Dietetics）認為，均衡且純植物性的飲食是健康的，且適合人類各個成長階段。不過如果是在沒有超市的地方，比如在阿拉斯加或在吉爾吉斯高地，那麼情況就會很不一樣——然而對我們當中的大多數人來說，就算不吃肉也能過得很好。

答案三：肉很好吃。反對：《沉默的羔羊》（*The Silence of the Lambs*, 1991）電影中吃人肉的漢尼拔也覺得很好吃，強暴犯在強暴婦女時也感到快感。但是這種快感應該要有界線：不能漠視其他人的其本利益——動物也有利益，特別是繼續活下去的利益。

答案四：動物的智慧低於人類，不像人類有自我意識，牠們也沒有道德意識，不會規劃自己的生活。反對：有些人同樣缺乏這些特質。我們可以想到嬰兒、嚴重智能障礙的人或失智症患者。我們並不會屠殺這些人，儘管他們的智能比某些動物的還低。為什麼不呢？因為他們有感覺，因為他們能夠感受到痛苦與快樂，也有自己的利益——但是這些動物也同樣都有。十九世紀初時哲學家邊沁認為，關鍵不在於動物能否思考，而在於牠們會不會感受痛苦。邊沁甚至相信：「終有一天，人類會對所有能夠呼吸的生命加以保護。」我們距離這一天顯然還相當遙遠。

答案五：如果以適合物種的方式飼養動物，我們就可以用麻醉藥無痛地殺死牠們，這樣一來，沒有動物會感受痛苦。反對：那為什麼不能對人類這麼做？因為這樣做違反人類尊嚴嗎？但什麼是人類尊嚴？人類有權利決定自己要過什麼生活。人類有基本權利，比如生命權、身體不受損害之權或自由權。而這些人類基本權利的基礎是什麼呢？是我們的利益：我們人類想要不受損害且自由地生活，但是動物也想要這些。所以我們為什麼不准動物享有這些權利？只因為他們不是人類嗎？誰要是持這種立場，就掉到物種主義（Speziesismus）的陷阱裡。物種主義者相信，人僅僅因為屬於人類這個物種，就享有特定的權利，不論他這個人的特質為何，唯一重要的是：我們是人類。種族主義者的論述與此十分相似，差別只在於他們看重的不是人類的物種屬性，而是膚色。但是這並沒有說明為什麼屬於人類這一事實在道德上有意義——如果把物種屬性視為道德判準，那不是跟用膚色判斷優劣一樣的任意嗎？

最後讓我們再回到外星人的思想實驗裡。外星人統治了全世界，把我們人類關起來，當成奴隸，從女人手中奪走小孩與母奶，讓我們繁殖並且食用我們。儘管外星人聽到我們的喊叫，但是並不理會我們的譴責，因為他們不懂我們的語言，他們在身體結構與科技水平上都遠遠超過我們，並無情地利用這種優勢，毫無道德顧慮。因為從他們的觀點看來，我們這些可悲的地球仔沒有嚴格意義下的尊嚴，因為我們最多只能預先思考五十年的事，對我們自己僅擁有膚淺的意識，對於宇宙生物更高等的快樂沒有微乎其微的體會。

我們常使用與此類似的論證，來說明我們對動物殘酷的對待方式是合理的。然而這個思想實驗讓我們清楚看到，這種論述或許是站不住腳的，我們才稍微轉換一下視角，這種辯護就喪失可信度與力量了。道德思維應該是公正不偏的，這點我們最晚從康德的時代起就知道了，我們自己的視角與利益不可以被特別優待。但是公正不偏的思維可以用視角轉換來練習——只要把自己置於他人的處境就可以。這個外星人的思想實驗嘗試的就是這件事，突然間我們處在動物的處境裡，並因此注意到我們日復一日都對動物做了些什麼。這類視角轉換的思維讓我們對他人的利益有更大的體會，而一切理性的道德，恰恰就建立在這種能換位思考的能力上。

背上的小提琴家

請想像一下，有天你一覺醒來，想要下床，卻發現沒辦法，因為背上黏了另一個人，他是世界上最棒的小提琴家。怎麼會發生這種事？是這樣的：這名小提琴家得了嚴重的腎病，消息傳出之後，全世界的音樂愛好者決定，要不計一切代價讓小提琴家活下去。不巧你是世界上唯一與他血型相同的人，所以你遭到綁架，被麻醉，接受了手術，小提琴家的血液循環系統於是被接到你的身上來，現在小提琴家血液中的有害物質就由你健康的腎臟負責清除。

「這怎麼可以！」你氣壞了，然而醫院的院長希望你安靜下來。他說：「那些愛樂人士對你所做的事情，讓我們深感抱歉。我們對此並不知情。可是如果我們動手術把小提琴家從你身上移走，他就必死無疑——這件事我們不能做。每個人都有生命權。你當然也有權利決定與自己的身體相關的事，但是小提琴家的生命權是更重大的，因此我們不能把他從你身上分開。不過你也不必絕望，因為整件事情不到九個月就會結束，到時候小提琴家的身體將會恢復，就可以安全地從你身上分開了。」

你會怎麼反應？院長的理由能讓你信服嗎？如果他說的不是九個月，而是九年的話，你又將如何反應？或者，如果條件改成你的腎臟將如此受到這項手術的拖累，以至於如果下個月小提琴家還連在你身上的話，你將要死去？

這個思想實驗來自美國哲學家湯普森。案例的重點既不是音樂的價值，也不在於在拯救重要人士的時候，什麼事可以做、什麼不可以。她要談的議題是墮胎。這個問題更準確地說，是：「如果是非意願下的懷孕，可不可以墮胎？」所以小提琴家對應的是肚子裡你不想要的小孩，而你就是懷孕的婦女，在九個多月的時間裡，小提琴家無法脫離你而存活，就像在肚子裡逐漸成長的胎兒那樣。這是她的類比所在。

非意願的懷孕並不罕見，你只要想想避孕措施失靈或者強暴的情況就能理解。湯普森的思想實驗只指涉非意願的懷孕，她迴避了胚胎道德地位的所有爭論；在墮胎的爭議裡，最常見到的討論就是，胚胎根本上是否具有生命權，有的話又是從什麼時候起。許多人會用人格的概念來論述生命權，並主張，只有具有人格地位的才擁有生命權。於是關鍵的問題就變成：胚胎算不算具有人格。在更進一步討論這個思想實驗之前，我們應該看看反墮胎者最重要的論述是什麼，他們基本上提出三種理由來主張尚未出生的生命應予保護：連續性論證、身分同一論證，以及潛在可能性論證。

連續性論證主張，從受精卵開始一直到新生兒，胚胎整個發展過程是連續的，沒有清楚的斷裂或跳躍，劃出任何界線都是任意的，因此受精卵就已經擁有生命權，就像新生兒一樣。然而這個論證是有缺陷的，白天與黑夜之間同樣沒有明顯的界線，然而我們還是可以區分白天與黑夜，晚霞的餘暉既沒有清楚的開始，也沒有清楚的結束，但是時候一到，夜空就一定是黑的。受精卵不會感受疼痛也沒有利益可言，但是新生兒則有，不知道在什麼時候起，胚胎一定開始能感受疼痛。生物學認為，感受能力的基礎是神經系統，與感覺相關的腦部組織是從懷孕第十二週開始發展的，因此我們一般把懷孕的第十二週設為界線。

身分同一論證主張，受精卵與新生兒是同一人，因此享受與新生兒相同的權利；潛在可能性論證則主張，胚胎之所以有生命權，因為胚胎在可預見的將來會變成人類，胚胎有發展為人類的潛能，因此不允許殺死胚胎。反對者則稱：同一件事物在不同的時間點上，也可以有不同的權利。同一個人在小孩時沒有投票權，但是成年後則可以；同樣的反駁也適用於潛在可能論證，因為即使某物在將來會享有特定權利，但並不代表它現在就享有那些權利。不然的話，王子在孩童時期就能擁有之後他成為國王時所擁有的權利，既然他日後總有一天會當上國王，那小王子現在就可以發號施令、領導國家了。然而，這當然是荒謬的——權利的享有要基於事實，而非基於潛在的可能性之上。

在簡短描繪過支持與反對胚胎生命權最重要的論證之後，我們終於可以來關心小提琴家的思想實驗，湯普森希望用她的類比指出，即便未出生的小孩享有生命權，也還是有充足的理由支持墮胎。小提琴家是成年人，當然享有生命權，即便他是被縫在你的身體上、他的存活依賴於你，然而他的生命權與你身體不受損害的權利相抵觸。所以問題就成了，哪一種權利位階更高？對湯普森來說，事情很明白：愛樂人士使用極端的方式侵害了你的身體，這是不行的，湯普森說，每個人都有權利把小提琴家從身上切開，這相當於正當防衛——人總是擁有正當防衛的權利。你怎麼看呢？你會認為，我們無論如何都不應該把小提琴家從身體上割掉嗎？如果你這樣認為的話，那假設他不是九個月，而是需要九年，都要依附在你的身體上呢？這樣你也還是認為我們不應該殺死他嗎？又如果你的健康與性命會受到小提琴家的危害，你唯一存活的機會就是把他割掉——這樣的話你又會如何判斷呢？湯普森用這個案例挑戰那些反墮胎人士：後者認為，那怕是懷孕本身會危及母親的性命，也還是不可以墮胎；對他們來說，比起消極地讓母親死亡，積極殺死胎兒在道德上更值得譴責。這些極端反墮胎者的理論，是建立在積極作為與消極不作為的區分之上；可是，正如同我們在本章開頭看過的，積極殺害與消極坐視讓人死亡的這一組區別，在道德上是否有其意義，還是很難說的，至少並不是在一切例子上都能成立。

美與藝術

狄波頓／物件體現了人類的性格特質

席勒／美是自由與自主的具象化

希普萊／擁有一定的美感經驗，才能正確做出美感判斷

丹托／藝術家用作品提出說法

貝爾／形式才能構成藝術品

體制理論／藝術之所以為藝術，在於藝術界視其為藝術

美對我們很重要。

女人上醫美診所讓醫生抽除「問題區」的脂肪，或者去健身房踩腳踏車，打肉毒桿菌或買化妝品，去隆乳或買魔術胸罩。男人在健身器材上鍛鍊肌肉、染髮以及刮除私密部位的毛髮。我們在美容院的雜誌上，讀著最熱門的美容小祕訣，在最新的時尚潮流裡尋找靈感，或者計劃下次要去哪裡渡假——哪裡都好，重點那裡要是個美麗的地方，渡假回來以後，我們又用修圖軟體把照片弄得更漂亮些——我們在任何可能之處都尋求著美。

然而這種對美的偏好也可能是某些人的災難，統計數字顯示，長得比較不好看的人，在學校裡拿的分數較低、職場上較晚升遷，而且收入可能比他人低達百分之十；長得漂亮的人則享有優待，被認為是健康、聰明、有進取心而且親切的。我們由外觀推及內在，從外觀論斷人的性格，這並不公平。有人把這種對外觀的歧視拿來跟種族主義（Rassismus）或性別歧視論（Sexismus）相比較，認為這是「外觀至上」（lookism）的行為，由英文的 look 所衍生出來。這便是美的黑暗面。

不過，人的美醜是建立在什麼基礎之上？什麼時候我們會說一個人漂亮？過去幾年裡，針對漂亮的五官而進行的實證研究指出，人臉之美，有三個決定性的因素：接近平均值、性別鮮明度以及純淨的皮膚。一張臉愈接近平均值，我們就愈覺得好看，如果用電腦把許多張臉重疊起來，並讓它們彼此近似，那麼我們會覺得這張由電腦生成的混合臉，比原先的那些臉都好看。此外，突出的女性或男性特質也會引起好感，在女性這邊，我們喜歡柔和的臉形、小鼻子、大眼睛和豐唇，都讓人聯想到幼小的孩童。男性的話，我們喜歡鮮明的顴骨、大鼻子與寬闊的下巴。最後是純淨的皮膚，這點或許人盡皆知，美容產品的製造商早已把此發展成龐大的市場。

自古以來，美一直讓哲學家百思不解：為什麼我們會覺得有些事物是美的？美究竟是什麼？美完全存在於觀察者的眼睛裡嗎？還是有客觀的美之法則？美麗的風景、美麗的臉孔和美麗的藝術品所共有的是什麼？這些問題便是美學（philosophische Ästhetik）研究的對象，不過這門學問不只關注美，也研究藝術。而藝術，如我們所知的那樣，不必然都一定是美的，藝術也可以嚇人、讓人排斥或者激怒人，在藝術的領域裡，也存在有趣的哲學問題：究竟怎樣才算是藝術品？藝術品跟一般物品如何分別？藝術的功能是什麼？是要讓我們感到幸福、鼓勵我們、挑釁我們，或是提升我們的感受性嗎？究竟怎樣才算了解一件藝術品，不管是對於一幅畫還是一首音樂？

美學不只研究藝術與美，也探討一般日常的、既不是藝術品也算不上「美」的物件，比如汽車引擎的轟隆聲、醜陋的衣服、過度裝飾的室內裝潢、幼稚的髮型或者好笑的字體。我們從美學的視角觀察最尋常的事物，並且問自己：「我喜歡這個東西嗎？喜歡什麼地方？理由是？」誰要是問了這些問題，馬上就會注意到，用文字來掌握自己的美學觀感是多麼困難，我們常常說不上來，喜歡一件衣服是喜歡它什麼地方，或者問題出在哪裡。我們可以很快就做出判斷，但是並不明白原因何在。

本章的目的，是要鼓勵大家常常問自己這些問題，下一次當你的目光停留在美麗的面容、優雅的衣服或者如畫的風景上，你應該問自己：究竟為什麼我覺得好看？是好看在什麼地方？法國文學家斯湯達爾（Stendhal, 1783-1842）認為：「美是幸福的承諾。」那你也可以問問自己：這片美麗的景象中包含了什麼承諾？為什麼這種美會讓我如此入迷？

美學是哲學裡最有趣的領域，因為我們觀看事物的方式會隨之改變，彷彿世界突然之間變得不一樣了。我希望，這一章能讓你相信，確實如此。所以請你最後一次再好好看看四周。

因為這章讀完後，一切都將改變。

無生命的朋友

請想像一下，假設上圖這些字母都是人，就像你跟我一樣的人。

你想跟當中哪一位交朋友？哪一個喜歡聽古典音樂？哪一個有著火爆脾氣，哪一個冷靜，哪一個嚴厲，哪一個又是輕鬆愉快？他們從事哪些職業？裡面有銀行家、女文學家、小丑嗎？哪一個字母是最幸福的？

這個思想遊戲是出自狄波頓（Alain de Botton, 1969-），現居於倫敦的瑞士哲學家，他認為物件體現了人類的性格特質，不過這種想法並不是由他首創，早在古希臘，我們就看到了這種想法，認為美與善之間有緊密的連繫。希臘人有一個詞就叫「美善」（Kalokagathia），指涉人在德性與外觀上的出眾；這個字是由希臘文「美與善」（kalos kai agathos）所得來的。在康德那裡我們看到一種想法，認為美是「德性善的象徵」，當狄波頓宣稱，美麗的物品蘊藏著我們的生活理想時，他也站在這個思想傳統裡。他在《幸福建築》（*The Architecture of Happiness*, 2007）一書中主張，我們對美的感受，以及對美好生活的想像是交織在一起的，而且我們的美感偏好會反映出我們的生活理想。「我們覺得美的事物」，狄波頓寫道，「不過是我們所愛之人的另一種版本」。

物品體現價值

不管是小說、畫作、音樂、電影、建築、汽車或皮夾克，都是如此：我們喜歡的東西，就像我們喜愛的人。這本小說層次豐富，那幅畫造成強烈的印象，這段音樂讓人憂鬱，這部電影含意深遠，這棟建築給人低調樸素的感覺，那件皮夾克散發出強硬的氣息。物品之所以合我們的意，是因為它所體現出的性格特徵與情緒狀態，是我們覺得值得追求的，或是我們樂於在他人身上看到的。這些特質包括輕鬆、樸素、誠懇、富於感情、無憂無慮、不散亂、淡泊、開朗、狂野、勇敢、充滿能量等。

你能在所有的客觀事物上發現人類的特質：不只在你用的餐具、咖啡杯、熱水壺、檯燈、沙發、桌子、衣服、手機、房屋跟汽車裡，也包括在樹木、花卉與風景中。你只要問問自己，這些事物如果是一個人，那大概會長成什麼模樣，他有哪些偏好跟性格特徵，他過著的是什麼樣的生活。

如此你常常會發現，你為什麼會喜歡某件物品，或者為什麼你會覺得它很難看。好好練習一下這種擬人化的藝術，你將會用另外一種眼光看待世界，也將探尋到美感之謎的線索。

設計師當然非常了解這一點：他們試著給各式各樣的消費商品添上其所象徵的價值。當你去購物，你買的不只是物件的物質本身，同時也總是能買到相應的生活風格與一小塊自我認同；你購買了新家具的同時，也給自己添了個全新的、但沒有生命的朋友，也許由此也會產生出家的感覺。

物品體現價值，這種想法也引起德國詩人與哲學家席勒（Friedrich Schiller, 1759-1805）的關注；他認為，美是自由與自主的具象化。讓我們觀察一下上圖的兩種線條：

席勒認為，我們一般會覺得圓滑的那條比較漂亮，因為它給人有生命的、自由的及自主決定的印象，像是由自由開展的動作所產生的結果，彷彿那線條行進時所依循的法則，也是它自己給予的。但是那條充滿鋸齒與尖角的線條，則像是由外力決定、受到外在力量影響，線條方向的轉變是突然的、無理的，以及隨機的。這一點，如果我們用目光順著兩條線各走一次，也能感受得到：圓滑的線條讓人覺得自由、無拘無束，鋸齒的線條則讓我們覺得緊張，強迫我們在任意一點上改變方向。根據德國心理學家立普斯（Theodor Lipps，1851-1914）的移情理論（Einfühlungstheorie），當我們能不受拘束且自由地代入一個形象或一種運動，就會喜歡上那樣的形象或運動。例如我們觀賞女舞者跳舞的同時，內心同時也在翩翩起舞，如果我們在這種移入的過程中覺得自由，就會稱這舞蹈「美麗」。所以，依照席勒與立普斯的理論——美是感官所感知的自由。

席勒把美學跟倫理學兩相聯結，認為「透過美，我們才走向自由」，只有藝術才能召喚人的整體，並且以遊戲的方式讓他變得更好。藉由對美的注視，人類學習到對善的喜愛，也學習到如何讓性情與道德的義務彼此和諧。而不願意這麼做，席勒認為，這才是法國大革命之所以失敗的原因：他們在理智上也許願意，但是在情感上卻不這麼做；他們缺少美學的教育，來讓他們的理智與情感互相配合，並喚起對義務的愛好。

美作為善的象徵符號，這種想法降服了不少哲學家。然而許多人認為，把美學上的優點歸結到倫理的價值，是不恰當的；美是獨立的價值，跟真、善或神聖並無關聯。但是，那為什麼我們會覺得特定事物是美的，其他事物是醜的？這種對美的感受力又是從何而來？

演化理論無法解釋個體差異

演化生物學認為，我們之所以對美有感受，原因非常古老，要回到人類物種興起的歷史裡才能找到：對我們的先祖而言，美感能提升他存活的機會。支持這種理論的證據是，有些東西是所有人類都覺得美的，不論地區或生活方式為何，比如有些風景會讓所有人都喜歡，不管他屬於什麼文化或是他多大年紀。這裡說的是類似大草原的風景，一目瞭然，只有稀疏的植被與水域。這一點指出，我們對這類風景的審美偏好是在非洲大草原上產生的，最早出現在七百萬年前遊牧形態的獵人與採集者的身上。這個理論主張，這些人之所以能夠存活下來，是因為他們覺得這種美麗的地方是適合生存的——一眼就可以看清危險，也提供保護、水、食物與捕獵的機會。於是，那些喜歡沙漠的族群則滅亡了。

所有人都喜歡年輕與對稱的身體結構，演化心理學家還認為，這一點也可如是解釋：身體的不對稱指向疾病、殘障及不善於生存鬥爭，而性伴侶若是年紀太大也會影響生育。所以，喜愛不對稱、年老身體的那些人，就無法把他們的基因傳傳下來，於是這種美感偏好也跟隨著其基因一起滅絕。

演化理論家不只嘗試解開自然與人類之美的謎團，他們也想解釋我們為什麼會受到藝術品的吸引。他們的論點是：藝術家擁有良好的基因。他們有耐性、活力、能合作、聰明、富創造力，還有閒暇。那些喜愛藝術品，與藝術家上床的祖先，因此確保了其後代生存的機會，他們的基因也就此傳了下來。對藝術的愛好以這樣的方式在演化中獲得成功。

這些演化理論的解釋讓許多人感到著迷，也很難予以駁斥，不過卻也幾乎無法證明。此外，演化理論也有其極限：這個理論只能解釋人與人之間的共同之處，不能解釋個體差異；然而，若是說到品味，差異遠遠大過共同點。你只要看看八〇年代的時尚流行就好了，我們的美感更大程度受到環境、習慣與文化的塑造；到了這裡，生物學就必須退下，是時候讓社會學出來說說話。不過即便是在同一個社會裡，也有各式各樣的美感偏好，有人喜歡樸素與嚴謹，有人喜歡繁複與風趣，有些人偏好完美與平滑的線條，有些人則偏好斷裂與破碎。這些人的差異是從哪裡來的呢？這跟我們各別的生活理想是不是有所關聯？

為了找出此問題的答案，我們必須與自己、也跟其他人對話，我們要問：為什麼我喜歡這個？哪裡讓我覺得不喜歡？嚴謹跟清楚的形狀吸引我之處何在？為什麼我偏好木頭而不是鋼材？為什麼未完成的、破碎的與深淵的意象如此強烈地吸引我？輕巧的筆觸讓我著迷之處何在？我對和諧、均衡的顏色層次的偏好，究竟是打哪兒來的？為什麼我特別喜歡悲傷的音樂？也許從這類問題裡，我們不只能多了解一點我們的品味，也更認識到我們的性格、渴望，以及我們對成功人生的願景。

沒有感情的音樂

請想像一下，你的音樂聽覺有所缺損，你患有音樂情感失讀症：雖然你能聽到各別的音符、音高、旋律、樂器種類，以及節奏變化，但是音樂對你不表露任何情感。你聽不出樂曲是否悲傷、危急或歡樂，儘管你本人有情感，也能在其他人身上辨識情感，但是音樂在你耳中就是缺乏一切情緒。你是情緒上的聽障。

然而隨著時間過去，你學到如何在這種聽覺障礙下聆聽音樂，你給自己設定了幾個基本原則，讓自己在大多數情況下都能夠判斷曲子是悲傷還是歡樂。當曲子較為緩慢，且為小調時，就有很高的機率會是悲傷的；但如果曲子帶有很多短音符、跳躍與上升旋律的大調，那你就會判斷那是歡樂的曲目。

現在你第一次聽貝多芬的月光奏鳴曲，更準確地說，你首度聽到該曲的第一個樂句。一開始你就明白，這一定是首既憂鬱又悲傷的曲子，因為節奏緩慢，又是小調。這時有位全聾的先生問你：「這首曲子怎麼樣？是悲傷還是歡樂的？」你回答他：「月光奏鳴曲是悲傷的樂曲。」

不過，這句話算是美感判斷嗎？需要什麼條件，才能做出適當的美感判斷？

一個與此類似的思想遊戲，出自二十世紀的英格蘭哲學家希普萊（Frank Sibley, 1923-1996），美學問題是他主要的研究領域。希普萊的觀點是，比如「優美」、「柔和」、「高雅」、「充滿張力」、「陰沉」，以及「憂鬱」等等美感概念，無法被歸結到「三角形」、「粉彩色」或「緩慢」等非美感的概念上。我們無法用判斷準則來推算對象具有怎樣的美感性質。衣服是庸俗還是高雅的，有時取決於最小的細節，而且有時候也要看搭配，比如說，穿哪雙鞋子來配這套衣服也是重要的一環，不同的鞋子會讓這件衣服產生不同的氣質。

希普萊認為，我們透過美感概念與判斷來表達我們的美感經驗，而人需要一定的敏感度，才能正確使用美感概念，希普萊稱這種敏感度為「品味」。所以如果你患有音樂情緒失讀症，你便一點都無法理解，一首曲子聽起來「很悲傷」是什麼意思，就像只能看到黑白兩色的人，便無法理解「藍色」與「黃色」代表什麼。人要能理解這類的感覺概念，首先必須具有其或類似的感覺經驗；美感概念也是如此，要能理解與做出美感判斷，必須具備相應的經驗與感覺印象，就好比你說「這部新的〇〇七電影很爛，但是我還沒有看過」，這就毫無意義，因為沒有美感經驗就沒有美感判斷。不過，究竟什麼是美感經驗？

幾乎在任何地方都能獲得美感經驗，不光是在博物館或美麗的大自然裡，我們能從審美的角度來觀看任何對象：家中的陳設、餐具、鄰居的汽車、髮型、動物園裡的獅子、天上的雲朵或者高速公路旁的核能發電廠。當我們採取審美的心態來面對這些對象時，我們是為了觀看而觀察，並不帶有實用或理論的興趣，唯一重要的是體驗。我們抬頭看雲，並不是為了判斷是否快要下雨、我們是不是該帶把雨傘出門，而是沉浸在光線、陰影與浮雲飄動的遊戲中。我們並不關心對象實際上具備的性質，只在乎對象如何對我們顯現；一支舞蹈可能看起來輕鬆又輕快，但對舞者來說可能是極其費力，再者，對象是否發揮其功能，對審美觀察來說也是不重要的——一張站都站不穩的椅子也可以是極其美麗的。對此康德曾經指出，要做出美感判斷，需要一定程度地擺脫所有既定立場，我們之所以喜歡一朵玫瑰，往往是因為那是愛人送的，或者我們覺得一個人很迷人，只是因為我們很想與她交往。那麼根據康德的理論，這就不是「無利害關係的喜愛」；康德認為，所謂美，是當此對象引發了「無利害關係的喜愛」。

當我們以審美角度觀察事物，我們注意的是其美感屬性，這些屬性或性質可以增減事物的審美價值，醜陋、臃腫、失衡或不純粹也都是美感屬性，跟優美、光亮、細緻、輕鬆、愉快、深刻或幽默一樣。一般說來，美感屬性本身並沒有好或壞，其價值是由各別對象及各別脈絡所決定的，所以，同樣一種美感性質如樸素、強勁、高雅或複雜等，不只可以提升，也可能減損事物的審美價值。例如高雅或許能為晚禮服增添風味，但卻不能讓嬉哈牛仔褲更酷，換言之，同樣的美感屬性並不適用於一切場合。就連美本身也是如此，AC/DC[13]的演唱會就不應該用美形容，「美」這個詞多少帶點和諧與純淨的意味，但有些人喜歡的是粗曠與黯黑的風格。

我們自身的美感經驗常常跟其他人或其他文化的美感經驗不同，同樣一種髮型看起來是中規中矩還是風情萬種，端看觀看者是在哪種文化背景裡長大，爵士樂聽起來是否會令人煩躁與混亂，取決於聆聽者多常聽這種音樂，我們都戴著自身文化的眼鏡觀看世界，同樣地，我們聽的一切音樂，也都通過文化過濾器傳進我們的耳朵。不過，也有美感品質是全人類都能感知的，不論他身屬哪一個文化，即便是從未聽過西方音樂的原始部落民族，也能夠（在學者研究的框架下）用相應的表情來回應歡樂、悲傷與帶有威脅性的樂曲。至於音體系[14]，在不同文化間就有顯著的差異，有些阿拉伯式的音階聽在我們的耳裡非常不和諧，因為我們對那些音程一點都不熟悉，我們的耳朵在長年的習慣中，已經取得了特定的模式，如果模式被打破，我們就會覺得音樂不對勁——音樂理想是被習慣創造出來的。

專業與業餘的區隔

不過，在藝術中到底有沒有對與錯？審美判斷能不能用理由說明？哲學對這些問題並沒有一致的答案。實在論論者[15]認為，美感性質是客觀屬性，就像顏色是客觀屬性一樣，正如同有人是色盲，同樣也有些人不具備

譯註13：澳洲著名搖滾樂團，樂風結合硬搖滾與重金屬。

譯註14：音體系（Tonsystem），可簡言為音律與音調的制度，為西方音樂學中的概念，最早中譯為「樂制」，現多中譯為「音體系」。

譯註15：實在論（Realismus），為一種哲學立場，認為在人類所能感知的現象背後，有真實的存在。

必要的感受力來審美。另一方面，主觀主義[16]者相信，美存在於觀看者的眼裡，而且我們的審美判斷沒有真假可言，另外還有難以計數的中間立場。不過大多數哲學家都同意，審美判斷不能用論證來支持或推翻。

你無法援引任何普世原則，來判斷圖畫是美還是醜，如果你覺得一幅畫美，你的朋友卻不覺得，那你只有一種辦法：必須讓他用與你完全相同的方式去看那幅畫。向他指出畫中的細節與脈絡，帶給他全新的觀看方式！對他指出那幅畫讓你讚賞之處：活潑的筆觸、柔和的顏色、精湛的光影遊戲，以及圖像的勻稱。你有可能就此給朋友開啟了另一種觀賞方式，並讓他信服於你的審美判斷，然而也有可能他早就也觀察到了這些，但還是不喜歡這幅畫。這種情況在專家之間也屢見不鮮，所謂的內行人常常做出彼此出入的判斷，不過我們並不能斷言有哪位專家一定是錯的，觀看繪畫本來就沒有一定的方式，藝術裡幾乎不存在唯一正確的詮釋。

審美跟其他領域一樣，專家與外行人的區隔是常態，而且一般來說，專家比較有道理，他們做出的判斷比較有用，因為他們的感官經過知識與經驗的訓練，他們的感受比外行人更為豐富與多樣化。建築師在城市漫步中，比外行人看到的東西要多得多，同樣地，古典音樂專家在演奏廳裡能聽到的，遠遠不是古典音樂樂盲能夠比較的。專家會聽到變奏、影射、重複、大小七和弦，以及其他更多東西，這些都是外行人聽不出來的。體育也是這樣：如果你偶爾打打網球，那麼在看比賽時，你就能看到發球、反手拍、削球、截擊空中球與殺球，但是對網球一竅不通的人，就只會看到網球被打來打去。網球專家的判斷比外行人的更有價值，因為他懂得更多、也看到更多。藝術也不例外。

但是這並不表示藝術有客觀真實的領域，而且是只有專家才能碰觸到的，外行人也不是永遠無法企及，實際上並不存在所謂的「顛撲不破的審美事實」。我們之中雖然可能會弄錯某個對象的審美性質，但是不可能所有人都同時弄錯，如果有件衣服所有人都覺得它醜，那它就幾乎不可能是美的，就像笑話如果沒人覺得好笑，就不太可能會是個笑話。笑話之所以好笑，是因為我們覺得它好笑。同樣的說法也適用於悲傷的音樂：大調和弦並不在客觀上比小調和弦更悲傷。我們可以想像一個世界，裡面的人都把大調和弦聽成歡樂的音樂，我們並不能說這些人聽錯了，而只是因為他們聆聽的方式與我們根本不一樣。然而，我們又如何能主張，爵士樂手比門外漢更能判斷爵士樂的演奏？他的聽覺印象也許更為多樣，也經過鍛鍊，但是如果說審美品質並非客觀，爵士樂手的判斷又憑什麼就應該是更

譯註16：主觀主義（Subjektivismus），為一種哲學立場，認為不存在客觀知識；一切認知與感覺都是由人類主觀意識創造的產物。

準確的？

紅色四方形

請想像一下，你踏入藝術博物館，走到櫃臺，寄放了外套，然後滿心好奇地開始逛。在第一間展覽室裡掛著一幅畫，畫上只是一片紅色，你小心翼翼地走上前去，閱讀了標題「觀看紅海。西元二一一五年」；你離開這幅寫實的繪畫，肅穆地走入下一間展覽室，你很意外地發現，這裡又掛著同樣一幅畫！不過這幅畫的標題是「齊克果的心情。一八七〇年」。然後在下一間展覽室裡——這次你大概猜到了，也掛著同樣的畫，不過標題是「紅場。一九七五年」，其餘各間展覽室還展出了「紅桌布」、「血」、「愛情」、「紅色方塊」、「無題」，還有一張從 IKEA 買來的紅底畫布。

看過所有展覽室之後，你惱怒地走到櫃臺，要求退錢，櫃臺後穿著正式的先生卻友善地向你指出，在這次認真策劃的展出裡，館方從各種不同的脈絡與路線集結了許多極其罕見的作品，包括風景畫、表現主義、印象派與社會批判的藝術品、靜物畫，以及抽象繪畫。此外他還請你注意，這些畫作各自有十分不同的含意，最後他還塞了一份介紹各種詮釋路線的展覽說明給你。

你困惑地離開了博物館，滿腦子都是問號：「這到底是怎麼回事？這種藝術有什麼用？藝術究竟是什麼？隨便什麼東西都可以是藝術嗎？決定藝術品意義的又是什麼？藝術裡究竟有沒有對與錯的詮釋？」

這個例子出自美國的藝術哲學家丹托（Arthur Danto, 1924-2013）。在《尋常事物的昇華：藝術的哲學》（*The Transfiguration of the Commonplace: A Philosophy of Art*, 1983）一書裡，丹托試著解開藝術的謎題，並回答「藝術究竟是什麼」這個問題。這個問題自二十世紀初被提出以來，便一點也不好回答，杜象（Marcel Duchamps, 1887-1968）在一九一七年把腳踏車、晾杯架及小便斗送進美術館，安迪．沃荷（Andy Warhol, 1828-1987）在一九六四年展出了由裝菜瓜布的尋常紙箱組成的「布利羅紙箱」（Brillo Boxes）。杜象讓日常生活的物品走進美術館，沃荷則模仿、堆疊尋常的大眾商品。在這兩個例子上，被創作出來的藝術品，在外觀上跟一般物品沒兩樣，但為什麼在這裡小便斗跟紙箱算是藝術？丹托認為，這兩件作品跟在美術館外、日常生活中的孿生兄弟不同之處，在於它們讓我們理解到一點什麼。藝術家用作品提出說法，藝術作品總是能「談到一點什麼」，丹托如是說。在觀賞時，我們可以問自己：「藝術家用這個作品要告訴我們什麼？」但是在面對日常事物時，「製造商透過這個小便池想對我說什麼？」的問題就失去了作用。

藝術的功能

在柏拉圖與亞里斯多德的時代，人們相信一切的藝術品都在描述某種東西，Mimesis——古希臘文「摹仿」或「描述」之意，便是此時的萬用關鍵字。藝術被認為是描述自然與摹仿人類，不僅僅是在劇場裡，也在繪畫與雕塑中，這個理論在後來的兩千年多年裡，一直佔有主宰地位。描述理論家彼此爭論的只是，藝術應該描述真實或理想中的自然——應該自然寫實，還是描繪出其理想中最好的可能模樣。

後來人們看到，並非所有藝術都在描述或摹仿什麼，音樂與抽象繪畫根本不重現任何東西，儘管如此，這些也是藝術的形式。為什麼？因為這些作品雖然不描述任何東西，但仍然充滿表達，於是有人主張，表達是唯一的關鍵，藝術就是表達。抽象畫、抽象音樂與風景畫或劇場作品一樣，都在表達某些東西，比如感情、氣氛與思想。不過，「藝術品是某種表達」真的有那樣特別嗎？嬰兒的哭聲不也表達了恐懼跟不舒服？為什麼嬰兒的哭聲不是藝術品，孟克（Edvard Munch, 1863-1944）的《吶喊》（Skrik, 1893）就是？難道沒有藝術品是不表達任何情感，單純就只是討人喜歡，比如蒙德里安（Piet Mondrian, 1872-1944）的畫作？

英國的藝術批評家貝爾（Clive Bell, 1881-1964）認為，真正構成藝術作品的，不是內容，而是形式：事物呈現的方式才是決定性的；每張旅遊照片都有所呈現，每個嬰兒的哭聲都有所表達。但是藝術並不只是這樣。貝爾提出「有意涵的形式」，也就是具有意義且傳送內容的形式，貝爾所指出的，正是德國哲學家黑格爾（Georg Hegel, 1770-183）曾經指出、阿多諾（Theodor Adorno, 1903-1969）也強調過的：談及藝術時，不能把內容跟形式分開，就如同我們無法把詩歌絲毫無損地轉譯成散文，如果把歌德的著名詩作〈魔王〉（Erlkönig, 1782）用平淡的散文重述一次，就會喪失許多重要的韻味，同樣的，貝多芬的第五號交響曲也沒辦法簡單地轉化成畫作或電影。儘管藝術品教人了解一些東西，但是卻沒辦法把它的內容獨立出來，並重新呈現。不然的話，我們就不用特地去美術館了，只要在家裡舒適地閱讀作品的描述與詮釋就好。但是這並不會產生審美經驗，而審美經驗才是重點。不過，我們如何能把藝術品，跟同樣具有審美品質的日常物品區分開來？為什麼美術館裡的小便斗是藝術，館外的小便斗卻不是？

最簡單的答案是「體制理論」（Institutionentheorie）的回答：因為那個小便斗被陳列在美術館裡。根據這個理論，藝術的構成要件，就是在藝術界中被視為藝術。當專家們一致認為這個小便斗應該被收藏到美術館裡，那麼這個小便斗就是藝術，然而專家是根據什麼判準來下判斷呢？專家會不會看錯呢？許多在今日赫赫有名的藝術家，在世時卻常常備受冷落，而且有些藝術形式，比如攝影，在誕生時根本不算藝術。但是這怎麼可能呢？如果藝術真的就只是專家的認定？

有些藝術理論家援引奧地利語言哲學家維根斯坦（Ludwig Wittgenstein, 1889-1951）的說法，認為「藝術」此一表達根本無法定義，藝術品是如此地天差地遠，就像大家族裡的各個成員。他們認為，雖然有些會彼此相似，但是並沒有一個特徵是所有藝術品所共有，而且同時能將藝術品與一般物品區分開來的。此外，藝術概念不斷發展，任何定義隨時都將面臨過時的危險。

「藝術」的定義問題應該要跟藝術的功能問題分開看待。在這個問題上，也是眾說紛紜，有些哲學家認為，藝術的功能僅止於讓人愉悅，有些人則主張，藝術應該教化人們、批判社會，讓我們的感官更具感受性，揭發真相、開啟新的視角，或者至少應該促進人們思考。

你認為藝術的功能何在？你認為好的藝術品應該做到什麼？藝術是否應該像阿多諾認為的那樣，要讓人感覺到痛？還是應該使人憤怒、使人震驚，或者最好讓人愉快與內心平靜？藝術首先應該訴求你的感官還是思考？藝術應該打開你的眼睛、為你開啟嶄新的觀看世界的方式，還是你希望遁入完全自我的、非現實的世界裡？對這些問題，幸好並不存在正確與錯誤的答案。所以你大可以依照需求，自由地關注這些或那些藝術品。無論是享受還是疼痛——重點是，你能夠得其所欲。

自由

拉普拉斯／世界遵循不可改變的法則

非決定論／一切都只是機率問題

兼容論／自由是行動與目標和諧一致

法蘭克福特／自由意志是依照較高層次的願望來行為

我們今天在西方民主國家裡擁有的選擇自由，是歷史上從所未有的。我們可以選擇怎麼生活，怎麼賺錢，要不要小孩，以及跟誰生小孩，我們可以自由遷徙，可以穿想穿的衣服，可以自由表達意見，選舉政黨，還可以在至少二十種不同的洗髮精中做決定。這些自由都是行動自由：我們可以這樣或那樣行動，只看我們想怎麼做。

然而並不是一切我們想做的都能做，我們不能闖紅燈，也不准殺死別人，儘管嚴格說來，這兩件事我們都有能力做到，只是這些事會帶來其他後果。另外還有些事情，即使我們想做也不會被禁止，但卻無法這麼做的，例如我們不能不吃東西，還想繼續活下去，不能做時空旅行返回從前，不能瞬間移動到遙遠的中國。這些事情我們可以自由地希望，但是最終都無法實現。不只政治與道德給我們的行動設限，物理也給我們的行動自由立下邊界——終歸不是我們想做的一切就都能做到。

行動自由跟意志自由不一樣。有時候陷在過緊夾克裡動彈不得的並不是身體，而是我們的意志，比如洗腦、強迫症或者某些嚴重的成癮現象，癮君子若是認為吸菸是惡習，便會感覺自己不由自主，那種想抽菸的感覺像是由外力強加的一樣。他們本來是想戒菸的，但是菸癮操控了意志，意志便成了菸癮的傀儡。然而從哪裡開始算是成癮呢？什麼叫做強烈的渴望，從哪裡開始算是內在的強迫？當恐懼感或性衝動蓋過我們的意志時，我們也算是不自由嗎？在日常生活中，廣告、話術與宣傳對我們的影響力有多大？哪些願望是真正地發自內心，而不是被外力灌輸的？

哲學從一開始就極為關切意志自由的問題，神經科學也是如此，只不過比較起來，神經科學是很晚才出現的學問，然而神經科學確實給哲學對自由意志的討論，灌注了新的生命。一九七九年美國的神經科學家利貝特（Benjamin Libet, 1916-2007）進行了個實驗，引發了軒然大波。他的實驗顯示：在有意識地決定一項行動之前，我們的大腦裡會先有些動靜，許多人由此推論，我們的意志是落於大腦之後的；他們說：「在感覺到意志的波動之前，我們的大腦就已經做好決定了」。這項實驗當時受到各界的批評，然而較新的研究結果卻證實了這個令人驚訝的發現。

德國神經科學家海恩斯（John-Dylan Haynes, 1971-）能根據受試者的腦部活動，預測他會按下兩顆按鈕中的哪一顆，而且是在受試者意識到自己決定的六秒之前。雖然預測的準確率只有百分之六十，但是畢竟優於隨機亂猜。這怎麼可能呢？目前學界對頭蓋骨底下的世界進行過諸多研究，哲學家也熱衷於參與討論。因為，如果有人宣稱，我們的意志從來不是自由的，那我們就應該首先釐清，「自由」究竟是什麼意思，這便是哲學的任務。部分哲學家仍然深信，無論在做決定的多早之前大腦就出現活動，我們再怎麼說都算是自由的。這個論斷也許乍聽之下有點古怪，但其實不無道理，不過讓我們稍後再來談這一點。這裡我們首先要問的是：世界是否依循不可更改的法則運行，以及這對我們的自由意味著什麼。

我們能否預測未來

請想像一下：你可以讓整個宇宙暫時暫停，一切一切，包括每一粒原子，都會在原地上停留不動，沒有任何事物能夠繼續移動。

再請你假設一下，你有全知的能力，你能一眼看盡無限廣闊的宇宙，還能看透物質的深處。你知道整個宇宙在暫停的時點上的一切狀態，也就是說，你知道每一顆粒子在哪裡，它具有怎樣的動量，正以多快的速度往哪個方向運動。

你能夠依靠這些知識預測未來嗎？這種計算雖然有點複雜，但原則上是可行的。因為：世界當前的狀態，難道不是世界先前的狀態所造成的必然結果嗎？而當前的狀態，難道不是也確立了日後如何發展嗎？如果是這樣的話，那麼從宇宙大爆炸的那一刻起，就已經決定了你將於此時此刻坐在這裡讀這本書！

這豈不是很荒謬？而且如此一來，我們的自由豈不僅僅是幻覺？

這個思想遊戲出自法國數學家拉普拉斯（Pierre-Simon Laplace, 1749-1827），他設定有一種存在，能在某個特定的時點上，知道全世界一切的細節。後人把這個存在稱為「拉普拉斯的魔鬼」，由於世界的每個狀態，都是從緊接的上個狀態裡產生的必然結果，這個魔鬼就可以從他對世界的認知，推導出每個片刻的狀態。拉普拉斯相信，世界遵循著不可改變的法則，世界的變遷從起始到所謂永遠的未來都早已被確立；也就是說，你現在坐在這裡、讀到眼前的這個句子，都早在數十億年前就已經確定了。這樣的世界觀，在哲學中就稱為決定論（Determinismus）。

決定論是把雙刃劍：整體來說不可信，但是從細部來看卻又十分可信。說你此刻的所作所為都是從宇宙大爆炸起就確定的，這完全不能令人信服，但是說每個事件都是由前一個事件導致的必然結果，則具備了一定的說服力。當兩個撞球相撞時，它們在相撞後繼續滾動的方向跟速度，是在相撞之前就已經決定的，而且所有的物理事件看起來也都是如此。在日常生活裡，雖然也有所謂的偶然，但是所指的只是那些令我們難以想像的狀況，或者是在我們不知道會發生什麼事的時候；然而從物理學的觀點來看，骰子在丟出去的時候，就已經決定哪一面會朝上了，這個物理法則大家是知道的，只是計算起來非常複雜而已。

這個決定論的世界圖像受到量子力學強力的撼動，許多人相信，量子力學已經推翻了決定論。作為物理學中的科目，量子力學立論的基礎是：在次原子的領域裡，存在真正的偶然事件，而且在這種微小尺寸的世界裡，各別事件都是不能確定的。原子會在什麼時候分裂，是不可能計算得知的，因為原子本身就不穩定——物質的內部充滿了混亂與偶然。一切可知的都是機率事件，我們無法斷定基本粒子接下來要往哪裡移動，只能以機率論之。就好像兩個撞球相撞之後，可能這樣或那樣滾動，但為什麼是這樣而不是那樣滾？因為偶然。然而這怎麼可能？總該有某個極其微小的細節決定了結果是這樣而不是那樣吧！但是，並沒有！

由量子力學推波助瀾的非決定論（Indeterminismus）整體來說雖然可信，但是就細部而言，十分考驗我們的思考法則。歸結來說，我們必須做出決定，因為我們的自由似乎取決於此，如果一切都是早被決定好的，那麼我們就不可能是自由的。至少那些所謂的不兼容論論者（Inkompatibilisten）做了如此主張。不兼容論的立場是，我們只能在決定論與自由之間二選一，因為這兩者是互相排斥，不能兼容的。作為不兼容論論者的你只有兩種選項：要麼你說，我們人類是自由的，這世界不是被決定的；或者你接受決定論，並且否認人類有自由。所謂的自由意志論論者（Libertarier）選擇前者，「懷疑自由論論者」（Freiheitsskeptiker）則選擇後者。不過當然你也可以認為不兼容論根本就不成立，並且主張決定論的世界跟我們的自由是可以相容的，那麼，你採取的就是可兼容論（Kompatibilismus）的立場。這種主張相信，即便從宇宙大爆炸起，我們的各種決定就已經確定了，我們還是擁有自由。因為自由所意謂的，不過只是我們可以不受強迫地依照喜好做事。這個立場在今天的哲學圈裡受到廣泛的接受（許多哲學圈以外的人也許會很驚訝），現在就讓我們更仔細地看一下他們所持理由為何。

我本來可以做出不同決定嗎？

請想像一下，現在是中午，你站在員工餐廳裡，正在選擇要點哪種套餐。可以點的餐有煎牛排佐蔬菜和素食義大利千層麵。此時你不太想吃肉，而且還聯想到了食用動物所處的惡劣飼養環境，加上你特別愛吃千層麵，於是你不假思索地選了素食套餐。

你原本可能會做出不同的決定嗎？「那是當然！」你一定會這麼說。但是，讓我們假設，你可以讓時間倒轉，回到你選了千層麵的那個時刻的前一秒。在這個情況下，在相同的初始條件下，你做的決定會不一樣嗎？考慮到你的價值觀、信念以及各種考量，考慮到你平日的口味與當時的偏好，你真的能做出不同的決定嗎？也許你現在會堅持：「那是一定！如果真的要的話，我也可以違反自己的考量與偏好來選擇。」但是那決定性的因素是什麼呢？如果一切外在與內在條件都完全相同，是什麼動機或哪種考量會使得做決定的天平倒向相反的一方？

如果一股誘人的肉香鑽進你的鼻子，或者你不去想可憐的動物，那你本來也可能選擇煎牛排。如果……可是這裡沒有如果，情況必須跟原來的完全相同，畢竟我們想要主張的是，在完完全全相同的條件下，我們本來也可以做出不同的決定。

可是這要如何進行？不同的選擇會不會純粹是出於偶然？可是偶然並不是自由。如果「有做決定的自由」的意思是人在完全相同的條件下，可能會做出與原來不同的決定，那麼這種自由其實是很難達到的，因為我們想不出來，在完全相同的處境下，要如何隨意做出不同的決定。

在自由意志的哲學辯論裡，常常有人提出這種論述，以證明我們對自由意志的天真想像其實是不明朗、不現實或甚至自相矛盾的。我們以為，有一個「我」高於一切，獨立於一切影響力之外做決定。儘管做決定的時候，信念、感受與願望也都會參與其中，但是最終總是「我」在自由行動中做決定。不過我們忘記一件事：我們的「我」並沒有脫離我們的身體、性格、情緒、信念、思想、記憶、價值觀與利益，扣除這些影響因素，我們就不再是我們了；缺少這些因素，我們的意志也將失去方向。

有些人認為，如果我們屈服於感覺、身體的衝動或者激情，那就是不自由。這種觀點匪夷所思，如果此說成立的話，那我們在日常生活中幾乎從來不曾自由過。不論在早餐時選了奶油麵包或者跟伴侶睡個覺：這些決定都是受到我們身體需求的引導，然而這會不會損害我們的自由？

自由意志和決定論並不衝突

重點在於，我們如何讓衝動與動機引導我們，以及我們如何**面對**這些東西。毒品成癮的人不會認同他對毒品的強烈渴望其實是來自他自己，亟欲注射毒品的強烈感覺，對他來說是一種外力，也是一種內在的強制。所以他注射毒品的決定是不自由的，因為那並不是他本來願意執行的，他是希望最後可以擺脫毒品的。因此他的所做所為，與他所想要達到的有所衝突，他不是出於理性考量而順從渴望，而是被渴望給壓倒了。瑞士哲學家畢里（Peter Bieri, 1944-）說：毒品成癮者是被驅趕的人。相對地，當我們在冬天裡決定去泡個溫泉，我們是有意地順從自己的衝動與願望，並不是在外在或內在的強制之下，而是依據內心的同意順服了力量最大的動機，採取了與自己的目標與思考和諧一致的行動——這就叫自由，不需要其他的條件。

上面描述的，是兼容論論者的立場。他們認為，我們的自由意志——如果我們正確理解這個概念的話——跟決定論的世界沒有衝突。即便在決定論的世界裡，我們還是可以把受到外在或內在因素制約的人，跟那些依照自身考量與目標行動的人區分開來。前者我們稱為「不自由」，後者稱為「自由」。世界是否依循決定論，不影響我們稱分辨「自由」或「不自由」。

我們的決定從來不是在真空中進行，總是會有各種影響我們的因素，比如性格特質、情緒、思考或願望；以為存在一個可以脫離願望、信念與情緒，在任何情境下都能做出這樣或那樣決定的「我」，從兼容論論者的觀點看來，太過天真了，既站不住腳也難以理解。因為追根究底，兼容論論者認為不受任何條件決定的自由（我們許多人都以為自由就是這樣）不外乎是個說不準的偶然，如果初始條件允許我們任意地決定接下來怎麼做，那麼我們的行動就成為偶然的，也是不自由的。對此，許多自由論論者提出反駁：那不是偶然，而是「我」在決定接下來的行動。不過這樣說並沒有意義，除非我們弄清楚，這個「我」的內容是什麼：這個脫離了當下的願望、確信與情感的我追求什麼目標？我的信念、願望與情感是這個「我」的一部分嗎？如果不是，那麼我們就得釐清，這個「我」到底是誰，又是如何（彷彿從外部一樣）介入這個世界。

「我」是誰？什麼是真正屬於我的東西？哪些觀點才是**我的**觀點，哪些只是我從他人接收到的觀點？哪些願望與價值觀是真正**屬於我的**？還有最後，我的哪些情感是真的？什麼時候我只是在表演？任何渴求自由的人，必須一再地對自己提出這些問題。自由就是自主，那個決定我做什麼、想什麼，以及追求什麼的人究竟是不是**我**，我們得先認識自己才能回答。沒有自主，就不可能對自己做決定；不認識真正的自己，就沒有自由。做一個自由的人，就跟認識自己是誰一樣困難。

人類從孩童時期起，就接收著所處環境的信念與價值觀，性格特徵、世界觀與生活理想都不是我們自己選的，而是像是在不知不覺中潛入我們的自我。在這過程中，偶然性扮演了關鍵的角色：父母、朋友、偶像、書籍、電影，以及際遇在在都型塑著我們，使我們成為現在的模樣。現在所稱的這個「我」，就像由過去的偶然事件留下的痕跡所組成的拼貼圖。就自由的問題來說，這裡的關鍵是，我們與外在影響之間有怎樣的關係。有些東西我們接受，儘管那並不適合我們，我們改變行為、順應他人，表演給別人看，有時候也表演給自己看。在這裡，我們並不自由。但是另外有些東西之所以我們接受，是因為真的很喜歡，我們將之化為己有；我們不只改變了行為，也改變了自己。我們所做的，是真心的——在此處我們是自由的。

自由從來不是全然是或否的問題，大多數的決定都介於是與否之間：

如果你在一段感情中做出讓步，或者在職場上對女上司提供協助，這樣的行為是自由的嗎？如果你受到商品包裝、廣告或者親切的店員的影響而多買了東西，這樣的決定是自由的嗎？如果你因為所受的教育與天生的脾氣寧願一切照舊、避免改變，這樣的決定是自由的嗎？確定自己能否認識這些影響因素，是重要的，但是更重要的是，我們跟影響因素之間有著怎樣的關係。哪些我們覺得是外來的，哪些是屬於自己的？這是最關鍵的問題，但不一定能分得清清楚楚——常常兩者皆是。

凶手無法不行凶

請想像一下，你想殺掉你的鄰居。你有自己的理由，但是你不是唯一想這麼做的人，黑手黨同樣也想除掉你的鄰居。於是黑手黨利用你做殺人工具，辦法如下：一個很厲害的黑手黨人偷偷在你腦裡植入一塊晶片，透過這塊晶片，黑手黨人任何時候都能確知你要做出什麼決定，而且他們還能操弄你，讓你往他們想要的方向下決定。

現在有兩個可能的狀況：要麼你自發地決定要殺死鄰居，這樣的話，黑手黨就不介入，因為這個決定使他們稱心如意。但是如果黑手黨人確認，你正準備要決定不要殺死鄰居，那麼他們就會介入，啟動晶片，讓你決定還是要殺死鄰居。所以你無論如何都會殺死鄰居。

然而在這兩種狀況裡，你是否都需要為謀殺負責？你或許會說「黑手黨介入的那次不用負責」，但如果你是出於自願殺死鄰居，要不要負責呢？

許多人認為，只有有自由做其他選擇的人，才需要為他的行為負責。然而這個說法正確嗎？在上述的黑手黨案例裡，你的決定是確定無疑的：你唯一能做的決定，就是殺死鄰居，你無法讓鄰居繼續活下去，因為你若不想這麼做，黑手黨就會介入。然而要是你自發地、在黑手黨未介入的情況下做出殺人的決定，那麼你就負有道德的責任，即便你沒有其他選擇。

這麼說來，即便我們無法做出其他決定，我們還是有可能必須為該決定負責。是這樣嗎？

這個思想實驗出自美國哲學家法蘭克福特（Harry Frankfurt, 1929-）。在自由意志的爭論中，他被視為重量級的聲音，他也寫過討論真理、討論愛情的書，以及一本叫做《放屁》（*On Bullshit*, 2005）的暢銷書，法蘭克福特認為今日的我們做了太多的鬼扯，我們不斷談論自己不理解的事物。更糟的是，我們絲毫不關心自己所說的話是真是假。只要我們有張嘴表示意見，那就夠了。

在自由意志的爭論裡，法蘭克福特站在兼容論的立場，他認為：如果我們能依照自己較高層次的願望來行為，我們的意志就是自由的。藥物濫用者對毒品的渴望並不符合他較高層次的願望——他更希望能擺脫毒品，他實際上所做的，與他想成為的相衝突。許多癮君子的情況也是如此。然而日常生活中絕大多數的行為，都跟我們真正想要的一致，也就是說，我們是自由的，不管世界依不依循決定論，都不影響這一點。就算世界的進程已經被預先決定，我們仍然可以是自由的。

「必須負責」有個前提，就是我們可以在兩個選項間做決定，至少看起來是如此。誰要是遭到強迫或者別無選擇，就對他所做的事情無須負責；當搶匪拿槍抵著銀行職員，強迫他打開金庫，那麼銀行的破產並不是職員的過錯，因為他當時受到性命的威脅，實在別無選擇。然而這個基本原則——只有另有選擇的人才需要為行為負責——真的是毫無例外嗎？上述的黑手黨思想實驗就提示了一個例外，在此案例中，你別無選擇，不管你怎麼決定，最後都會決定殺人，不論是自由自主地決定，還是不自由地、由黑手黨啟動你腦中晶片而決定。所以你沒有其他選擇，只能殺死鄰居。然而人們會認為你至少必須在第一個情況下為謀殺負責，所以，我們固然需要有一定的自由，才能為自身行為負責，然而這樣的自由並不預設我們一定有別的選擇。兼容論論者主張：無論是自由或承擔責任，都不預設你有別的選擇。如果反對此說，就等於主張：你在上述例子中，哪怕是出於自主意願而殺人，也無須為鄰人之死負責。單純因為你不論怎麼決定都會殺人，鄰居都非死不可。

法理與公平正義

霍布斯／國家藉由壟斷暴力確保和平

盧梭／直接民主制實現公共意志

羅爾斯／無知確保無私

諾齊克／符合自由意志便符合公平正義

在兩個分開的籠子裡，坐著兩隻可愛的卷尾猴。牠們有個任務：實驗人員給牠們石頭，牠們再把石頭還回來。第一隻猴子完成了任務，得到一小塊黃瓜作為獎賞，另一隻猴子也完成了任務，得到一顆好吃的葡萄。第一隻猴子看到了，做出驚訝與不滿的反應，好像是在說：「也許獎品不同只是偶然，看看下一次獎品怎麼樣。」可是到了第二次，牠還是只拿到一小塊黃瓜，而另一隻猴子再度拿到一顆甜葡萄。於是這第一隻猴子無法忍受了，牠把黃瓜從籠子裡丟出來，用手敲著地板，又拚命搖晃籠子的欄杆，牠不能接受這種不公平的待遇。

這是莎拉．布洛斯南（Sarah Brosnan）與德瓦爾（Frans de Waal, 1948-）在二〇〇三年所進行的實驗，當時這段影片傳遍了全世界。他們的發現如此令人震驚：卷尾猴能鮮明地感受到公不公平，當兩隻猴子完成了同樣的任務，但是一隻獲得比另一隻更好的報酬。這不公平。猴子就抗議了。

人類對不公平的感受也是根深柢固的。公平與正義似乎是普遍的價值。在絕大多數的文化、世界觀與宗教裡，公平正義都是共同生活中的核心概念，大家都希望獲得公平公正的待遇，但是並非所有人對這個概念的理解都相同。不同的世界觀，會把不同的事情看做正義與否，正義的概念既繁複又多層次。

公平正義是什麼？這個問題很難回答，但是在日常生活中，我們常常一眼就認出不公平與不正義的情況，比如當海嘯重創窮人的生活、高階經理人獲得過高的薪資紅利、人權被踐踏、女性薪水較男性為低、重要的政策受到賄賂左右、契約的約束被打破、同工不同酬、機會不均等，或者未來世代必須承受當前能源與資源消耗所造成的苦果等等，這些都會讓人感到不公平、不正義。

追求公平正義的人，無法迴避平等的概念，但問題是哪一種平等？所有人擁有的應該一樣多嗎？這又是指哪些事物？我們需要相同的權利、相同的自由、相同的起始條件、相同的機會，或者相同的薪資？除了平等，公正不偏頗也扮演重要的角色：正義女神（Justitia）的眼睛被綁起來不是沒有原因的——她看不見受審之人是誰，所以她的判決無法收買且不偏向任何一方。她一隻手拿著天平，一隻手握著劍，她知道犯法的客觀重量，並透過符合比例的懲罰重建公平正義。不正義應該被制裁，這是所有人一致同意的，但是常常因為缺乏相應的法律，大家就只好容忍。

然而，在法律的範圍外談公平正義，到底有沒有意義？公平正義與法律的關係是什麼？是否一切符合法律的事，就都是公平正義的？圍繞這些問題進行哲學爭論的雙方，就是法實證論論者（Rechtspositivisten）及自然法（Naturrecht）的支持者。法實證論論者主張，所謂正義，就是現實上適用的法律所要求的，在法律以外，不存在任何規範性的準則。相對地，捍衛自然法的人士認為，每個人天生就具有固然的權利，不論他所生活的國家是否承認，所有人類都擁有人權，只是並非所有人都能獲得而已。法實證論論者的問題是他們沒有批判或改善法律的根據，自然法的捍衛者面臨的挑戰則是，他們得指出，自然權利是哪裡來的，又為什麼有效力？人權又為什麼有效力？

在探討公平正義的概念之前，我們還應該問：人類究竟需不需要一個法治國家？沒有法律的管束，我們難道不會更自由、更快樂嗎？為什麼我們要屈服於國家的權力之下？

野蠻人

請想像一下，你生活在蠻荒世界裡，一切完全靠自己。雖然你三不五時也會遇到其他人類，但是彼此間沒有井然有序的共同生活，沒有法律也沒有國家，所有人都靠各自的辦法生存。你無比自由，喜歡什麼就能做什麼，其他人也是如此。

你在河岸附近給自己蓋了間小茅屋，整日採集蔬菜水果、打獵、貯存過冬的糧食。不過你的日子充滿持續的恐懼與不安，因為這裡唯一的法律就是比誰的拳頭硬，你隨時可能會遭到強盜的襲擊，然後你就又一無所有了。

你跟其他人談論這種令人不快也不安全的狀態，發現大多數人都有同樣的困擾，他們說，自由與獨立儘管美好，但是沒有安全保障，就只能活在恐懼之中。於是你跟其他人定了個約定：每個人都不要去攻擊旁人，不要拿別人的東西。那誰來保證每個人都遵守這個約定呢？總得有人來負責維持規範與秩序，並且懲罰那些違犯約定的人。那這個人該是誰？

誰來當都好，你這麼認為，只要他能確保所有人都平安生活就好。於是這件事就交給某人全權負責，所有武器都被收繳到秩序維護者的手上。然後這個人組織了警察隊，來維持地區內的秩序與和平。人們都放心了，雖然再也不能去鄰居的花園偷摘水果，但是至少大家不用再擔心自己的東西會被搶走。

唯一要祈禱的是，警察隊不會突然開始濫用他們的權力。

這個思想實驗來自十七世紀的英格蘭哲學家霍布斯（Thomas Hobbes, 1588-1679），霍布斯是現實的思想家，捍衛唯物主義的世界觀，認為這個世界不外乎是由許多運動中的物質，也就是互相碰撞的極小粒子所構成的，這就是世界的一切。這個理念承襲古希臘哲學的原子論論者，如琉基柏（Leukipp, ?-370 BC）與德莫克里特（Demokrit, 460-370 BC）等人的觀點：「事物有顏色、味道有甜有苦，但這只是彷彿如此，實際上存在的唯有原子與虛空。」霍布斯也如是說，人類不過是會移動的一團原子，老是在尋求讓自己的需求得到滿足；能滿足利益的，我們就稱其為「善」，凡是造成損害的，我們就說是「惡」。道德、法理與法律的用處，就是促成和平、保障生存，以及讓共同生活過起來愉快一點。因為若是沒有法律，人類就會不斷地發生戰爭。這並不是霍布斯的憑空想像，當時的英格蘭正進行著一場接一場的慘酷內戰：國會對抗國王，新教對抗天主教。

人類需要國家

在他的主要著作《利維坦》[17]裡，霍布斯問：有什麼充分的理由可以支持國家威權的存在。霍布斯不相信有神授之法，也不相信自然權利（維持自我生存的權利是唯一例外），法律是人類創造的。只要沒有具備約束力的法律，社會中就不存在正義與不正義，一切都是允許的。為了說明這種無政府的處境，霍布斯發明了一種人類的自然狀態；用這套說明，霍布斯問：在沒有社會、國家、道德與法律的狀態下，人類會過怎樣的生活？

霍布斯認為，在自然狀態裡，每個人首先會顧及自己的生存、需求的滿足，以及自己的安全。霍布斯形容那會是「所有人對所有人的戰爭」。每個人需要什麼，就去拿別人的，所有人都生活在恐懼之中。人類雖然有完全的自由，卻沒有安全可言，處處都是危險。

根據霍布斯的說法，只有一條理性的辦法可以走出這種自然狀態，那就是：大家簽訂一個社會契約，以保障每個人特定的權利，並要求他承擔一定的義務，人們放棄一些自由，但是換得了安全。為了貫徹這個契約，人們需要一個暴力的壟斷者，也就是「統治者」（Souverän）。這個專制的統治者負責維持國家內的安全與秩序，唯有如此，和平的生活才能得到保障，而和平正是所有人所希望的。霍布斯希望利用這個思想實驗指出，限制自然狀態下的絕對自由，並讓自己通過社會契約臣服於暴力壟斷者之下，是理性的，也是可理解的——放棄自由，換取和平。

譯註17：原文書名為 *Leviathan or The Matter, Forme and Power of a Common Wealth Ecclesiasticall and Civil*，「利維坦」原為《舊約聖經》中記載的怪獸，霍布斯用其比喻強勢的國家權力，亦有將書名中譯為《巨靈》或《巨靈論》。

人生而自由

霍布斯認為，雖然人類並非天生邪惡，但是人類需要國家，才能和平快樂地生活。出生於日內瓦的啟蒙時代哲學家盧梭（Jean-Jacques Rousseau, 1712-1778）的看法則完全相反，他是立場堅定的社會批判者。他認為，人類的本性是善的，是社會讓其壞的面向顯露出來，人類本來沒有足夠理由放棄自然狀態，那只是個災難性的偶發事件所促成的。有一天，有人突然主張一塊土地是他的，說那是他的私有財產——這就是敗壞的開端。盧梭寫道：「第一個把某塊土地圈圍起來、主張『這是我的』、並找到足夠多頭腦簡單的人來相信他的人，是真正意義下的市民社會創建者。如果當時有人站出來拔掉他紮下的木樁，或者填平他挖出的界溝，並且對所有人高喊：『你們要小心，不要聽從這個騙子。如果你們忘記果子是大家共有的，土地也不是任何人的，那你們就完了！』如果那時有人這麼做，不知道可以為後來的人類省去多少罪行、戰爭與殺戮，免去多少痛苦與恐懼。」在這裡我們看到，馬克思（Karl Marx, 1818-1883）受到了誰的啟發，盧梭和馬克思都痛斥私有財產：私有財產鼓舞了人類的嫉妒與憎恨，使人彼此攀比與競爭，讓人汲汲於追求贊同、榮耀、佔有與財富；人類就是在私有財產制與社會生活裡才變得如此自私自利的。

盧梭認為，若要讓未來的世代免於陷入這種腐敗，需要靠良好的教育，在《愛彌兒：論教育》（*Émile: ou De l'éducation*, 1762）一書中，他探索能讓良好本性自由開展的教育。最重要的是，必須保護小孩子不受到社會敗壞的影響，讓他們在能依照天性盡情發揮的環境裡長大。所以，最好的教育是消極與間接的教育：把壞的影響隔開，提供能開展好的本性的環境。因為盧梭認為，我們的惡習都是人為的，是經由社會生活才養成的，比如對物質財富的渴望及尋求名望。一個不受社會影響長大的孩子，盧梭說，既不知道嫉妒，也不會積極追求名位與財富。這種自然養成的孩子在長大之後是獨立、自主與自由的，跟其他盲從於社會期望的人截然不同。「人生而自由，」盧梭如此寫道，「但卻處處都在枷鎖之中。」

照這樣說來，要過自由快樂的生活，就一定得隱居山林嗎？盧梭認為不必，因為有更高層次的自由，只有在與他人共處的社會裡，更準確地說，是在直接民主制中才能實現。在理想的情況下，社會裡所有各別的成員可以共同決定所有事項，為公共利益投注心力，各別的意志融入了群體的意志——這就是盧梭廣受引用的「公共意志」（volonté générale）。每個人無論男女都可以共同參與決定，決定的過程中只服膺於不偏私的思考與利益，我為人人，人人為我。然而，誰又能保證每個市民都能公正不偏地選擇，不會圖謀個人私利？

無知之幕

假設你有機會可以為社會徹底地重新立法，可以頒布所有你希望實行的法律。不過有一點得注意：你被「無知之幕」所籠罩，也就是說，你無法預知你在新社會中將站在什麼位置上。你不知道你的身體與精神狀況將是如何，不知道你將擁有哪些天賦與缺陷，不知道你將從事怎樣的職業，也不知道你將有多少收入。你甚至不知道你將是什麼性別、關切什麼利益、屬於哪個種族，以及信奉什麼宗教。你雖然可以決定一切遊戲規則，卻不知道你將在哪個位置、哪一邊上參與遊戲。

這個無知之幕是否能保證你將會打造出公平正義的社會？哪些基本法則是你與其他人都能共同接受的？

這個思想實驗來自美國哲學家羅爾斯（John Rawls, 1921-2002），他的《正義論》（*A Theory of Justice*, 1971）被視為二十世紀最重要的政治哲學著作。羅爾斯在書中探問，正義的國家應該建立在哪些基本原則之上？什麼是公平正義？這個問題的答案又是由誰來認定？羅爾斯認為，要決定什麼是公平正義，需要公平合理的程序，無知之幕就在這裡發生作用。無知之幕可以保證，在尋找共同生活的基本規範時，其制定不會受到私人利益的操控，這層遮蔽可以防止偏頗與營私。

決定社會基本原則的人，應該要憑藉不偏不倚、公正無私的心態，只有當他不知道其決定對自己將會有何影響，他的決定才會是最公正的。有錢人在富人稅的議題上，一定無法公正，窮人也是一樣。然而如果一個人不知道他在社會上將是窮還是富，就會制定最能公平對待富人與窮人的法律，換言之，誰要是罩上了無知之幕，就將為所有人制定公正的公共生活基本原則。但那會是怎麼樣的原則呢？窮人、富人、男人、女人、虔誠教徒、無神論論者、聰明人、思考怠惰的人、市儈跟嬉皮，在無知之幕的籠罩下，真的會做出一樣的決定嗎？

根據羅爾斯的理論，如果人人具有理性，將能共同認可下列原則：第一步，他們將會擬定出人人享有相同權利及最大可能自由的基本原則，而人人享有最大可能的自由，就是一切最高的原則；基本權利如遷徙權、財產權、言論自由與選舉自由，或者免於歧視的權利等等，皆應對所有人一體適用。第二步，在前述的基本權利與基本自由的範圍內，我們可以接受有條件的不平等，如果這對所有人（包括對最弱小的人）有利的話；也就是說，唯有在對所有人皆有利的情況下，不平等可以優先於平等，這也被稱為「極大化最小值規則」（die Maximin-Regel），因為這種不均等，必須是對最不利處境者來說利益最大的選擇。第三，處境較優者的位置原則上必須對所有人開放；人人都能夠達到那個位置，簡言之就是機會要均等。

羅爾斯認為，在無知之幕的籠罩下，具備理性的人將能夠達成這些基本原則，而且既然無知之幕保證了在決定的過程中，沒有私人利益介入，而是眾人不偏不倚地思考後做了決定，所以，羅爾斯相信，這些原則可以算是符合公平正義的。然而這真的是正確的嗎？請你想像一下，有個賭徒在無知之幕下做了這樣的賭注：他打賭自己將是個富人，於是覺得有錢人不但不應該因財富受到懲罰，還應該被獎賞，雖然他清楚知道自己也有可能會是窮人，這樣的打賭有風險存在。羅爾斯的思想遊戲裡排除了這類喜好投機的賭徒——但是賭徒就不具有理性嗎？

也有人持反對的觀點，認為無知之幕一點也不能保證決定不會偏頗，因為在羅爾斯認為可達成的正義原則的方法背後，隱含著個人主義的、西方式的社會模式。我們如果換個方向問，就會明白這一點。比如：宗教的基本教義派信徒在無知之幕下會協議出怎樣的正義原則？換成一窩種族主義者又會怎麼決定？種族主義者會不會甚至同意，有色人種被差別對待是正義的？所以，關鍵的問題變成：在決定什麼是正義的時候，我們能不能從自身的世界觀與價值觀抽離出來？是否存在絕對中立的正義，與我們對美好生活的想像完全無涉？特定觀點與價值觀深刻地型塑了我們的自我認同，以至於我們根本無法從中抽離，至少這是社群主義（Kommunitarismus）者對羅爾斯的批判。

「極大化最小值規則」同樣受到批評。讓我們用另一個例子再陳述一次這個規則：讓我們假設，你能在兩個保險櫃中選一個帶走，第一個保險櫃裡藏了一千或一百塊歐元，第二個保險櫃裡則有五百或三百塊歐元。現在「極大化最小值規則」建議你拿第二個，因為你至少能拿到三百塊，如果你拿第一個，萬一運氣不好，你就只有一百塊。也就是說，用最壞的結果比較之下，拿第二個保險櫃會比拿第一個好，所以「極大化最小值規則」建議你拿第二個。然而，難道不能說拿第一個保險櫃更為合理嗎？比如說，如果你為了一項手術亟需一千塊歐元，三百塊反正幫不上忙？我們也可以換個方式問：地球上七十億人每天賺十歐元，跟所有人每天賺一百歐元，只有一個人賺九歐元——前者真的比後者更公平正義嗎？第二個狀況裡，雖然有一個人賺得比狀況一要少一點，但是其他將近七十億人，比起狀況一都賺到十倍之多！

自由意志的外部效應

批評羅爾斯最有力的是美國哲學家諾齊克，作為自由意志論（Libertarismus）[18]的捍衛者，其認為國家確實應該保護比如像財產權這樣的基本權利，但是不應該插手分配的問題。諾齊克不只反對「極大化最小值規則」，根據此原則，不平等只在對所有人都有利時才可被允許，而是根本反對一切對市場自由的干預。為了闡明自由意志論的立場，諾齊克也提出了一個思想實驗：

假設不論各家正義理論如何定義，有支籃球隊的收入分配是「公平正義的」，平等主義派要求收入應均分、機會應均等或者應有傷兵補貼：比如因傷停賽但薪資照給，於是球隊有了公平的初始條件。現在球隊老闆向傳奇球星張伯倫，聯賽中最棒的球員，提出合約：如果他願意換到自己這邊來打球的話，那麼球隊每賣出一張門票，就付給他一美元。在每季有一百萬觀眾買票的情況下，這就等於一百萬美元——這比隊裡其他球員的收入高多了。張伯倫接受了這分合約，球隊非常高興，在主場比賽時，門票總是銷售一空。簽訂這分合約的雙方都是出於自由意願，觀眾也樂意付門票錢來看張伯倫打球。

但是，在張伯倫轉會後，隊內的收入分配就跟原本的模式不一樣了，但是這仍然是從原本（被認為是公平正義）的分配狀況，經過自由意願，轉變成目前的分配狀況。現在諾齊克問：如果此變動的發生是自願的，也沒有人因此蒙受損害，那這個分配狀態的結果怎麼可能是不公平不正義的？畢竟其他隊友賺得並沒有比以前少。哪一點可以算是不符合公平正義的呢？根據諾齊克的觀點，如果人們將自己合法取得的財產自願地支付出去，那麼所產生的財富分配就一定是正義的；公平正義不需要特定的分配結構，唯一條件就是所有人都是出於自願參與交易與交換。

在這個例子上，確實看不出來有誰在交易中受害了，然而現實上的狀況常常並非如此，因為會產生外部效應（Externalitäten），對第三者造成

譯註18：或譯自由至上論。

損害。拿原物料跨國企業與各國政府間的交易來說：交易雙方確實獲利了，但是在礦物開採的過程中，工人受到剝削，消費也損害了環境，並因此殃及未來的世代。此外，當金錢與權力集中在少數人的手中，在政治上也是令人憂慮的事。

瑞士信貸銀行的執行長杜德恒（Brady Dougan, 1959-），每年薪酬據估計約九千萬瑞士法郎，也就是每個月高達七百五十萬瑞朗[19]。天知道這是不是自由市場的結果？不過我們還是可以問：其價值真的比那些坐銀行櫃臺的職員高出那麼多嗎？為什麼醫生總是賺得比護理人員還多？薪資之間的差異應不應該受到規範？暫且撇開這點不論：所有勞動者不是已經有了最低工資，讓他們可以體面地生活？或者我們甚至需要實施無條件的國民基本收入，不論每個人從事什麼職業與做多少工作？這些問題極其複雜，讓我們烤塊蛋糕來幫忙釐清一下。

誰拿最大塊蛋糕？

請想像一下，你跟四個孩子一起烤蛋糕。八歲的麗莎已經有點經驗，於是擔任了指揮的工作：她拿起蛋糕食譜，念出各個步驟，並檢查一切是否依照食譜進行。她的雙胞胎兄弟保羅對烘焙毫無興趣，一直玩手機，只做了最必要的協助——不過他肚子很餓，因為他剛剛踢完足球回來。四歲的女兒莎拉則非常投入，負擔了既費力又困難的工作：揉麵糰、切碎巧克力，還有打蛋。兩歲的西蒙非常興奮，因為他第一次可以幫忙烤蛋糕，可是他還什麼都不會，算不上真的有幫到忙：每個步驟莎拉都必須幫他一把。

送進烤箱三十分鐘後，蛋糕烤好了。聞起來真香啊！西蒙已經等不及了，保羅已經快餓壞了，莎拉也非常期待這個蛋糕。麗莎雖然亟欲知道這個蛋糕好不好吃，但是她早餐吃多了這時還很飽。

現在最大的問題是：最大塊的蛋糕要給誰？還是每個孩子應該得到同樣大塊？

這類思想遊戲常常用來呈現分配正義的問題，亞里斯多德就已經區分了交換正義與分配正義，根據亞里斯多德的區分，如果是等價交換，那這個交換行為就是公平正義的；這不只適用於購買，同樣也適用於懲罰：商品的價格應該相應於所買的產品，懲罰的嚴重程度應該對應犯行的重大與否。亞里斯多德把分配正義跟這種雙邊的交換正義做了區隔；分配正義的

譯註19：折合約新台幣兩億五千萬。

重點在於，如何在許多人之間作公平的分配。所分配的東西可以是好事，比如企業獲利、受教機會，或者一個蛋糕；但也可以是壞事，比如納稅的義務，或者必須完成的勞動。而在分配正義的問題上，適用的是貢獻原則：貢獻大的人，應該得到相應的那一分。但這是什麼意思呢？誰有權利要求自己能獲得多大一分？什麼時候做不平均的分配是有道理的？還有：最大的那一分要給誰？

讓我們觀察上述的思想遊戲：烤好的蛋糕是共同勞動產生的最終產品與報償。你與四個孩子都有參與。你買了烘焙材料，提供了烤蛋糕的器材與空間，其他的你就都讓孩子自己動手了。年紀最大的女兒麗莎最有經驗，負起烤蛋糕的責任，保羅雖然最餓，但是他幫的忙少得可憐，他的團隊精神同樣不值一提。莎拉付出了最多的勞力，精神負擔也是最重的，因為她還要幫助年幼的西蒙，西蒙儘管也很努力，不過實際卻沒有幫到什麼忙。哪些因素是分蛋糕時應該考慮的？怎樣算是比其他人更有貢獻？還是說，不論每個人投入多少，都應該分到一樣大的蛋糕？

如果我們只考慮貢獻的因素，那兩個男孩都分不到蛋糕，但是沒有人會這樣做。所以，光考慮貢獻因素，至少在這個案例上，是不夠的。至少小西蒙就似乎應該有資格得到一塊蛋糕；他雖然對蛋糕的製作影響不大，但也是非常努力，十足地參與了團隊合作。投注心力是應該得到獎賞的，即便能力不足、缺乏貢獻。沒錯吧？

保羅的貢獻跟小西蒙一樣少，但他是出於懶惰，而不是由於能力不足，他根本沒有意願。可是他卻是肚子最餓的。所以，保羅既沒有努力也沒有貢獻，但卻有最大的需求。然而，在這個情況裡，有需求是不夠的，他大可以啃麵包來填飽肚子。也許其他孩子不管怎樣都還是會給他一塊蛋糕，但是保羅至少應該要感到有點不好意思，又或許下一次就不再找他烤蛋糕了。在這次的例子裡，如果他問也不問地就抓走一塊蛋糕，那也未免太厚臉皮了。

剩下保羅的雙胞胎姊妹麗莎，她扛起全部的責任，如果她沒有顧好烤蛋糕的重要關鍵，那整坨蛋糕可能就不能吃了；不過她沒有親自動手，體力付出也非常之少，與妹妹的體力負擔比較起來，她只感覺到一丁點的精神負擔，因為她已經烤過好幾次，也讀過許多烘焙的書。但是教育、經驗與責任，要怎麼換算成貢獻比重？而她其實沒什麼胃口吃蛋糕對於分配來說是否重要？如果她只吃得下一塊蛋糕，那她有資格說她想要兩塊嗎？以及：她吃不下的那塊，又應該要給誰？包起來明天自己吃嗎？

心智與大腦

內格爾／人只能從主觀內在的視角研究意識
萊布尼茲／感覺與思想並非由物質構成的現象
笛卡兒／心智世界與物質世界交互影響
物理主義／除了物理事實以外別無其他存在
傑克森／世上存在非物理的事實
查爾墨斯／哲學殭屍沒有意識
功能論／人的心智狀態由其功能定義
克拉克／我們的心智也存在我們的周遭

你看過真正的大腦嗎？你一定知道，那是一團皺巴巴、黏糊糊的物質，由互相交換電流訊號的神經細胞所組成。神經科學學家宣稱：我們的意識與心智存在於這一堆灰色的物質裡。等一下，那我們的意識在哪裡？我們的「我」藏在哪裡？我們的感官印象與情緒又藏在哪裡？從又軟又黏的腦細胞集合裡，如何組成有情感、期望與感官印象的我？從原子的結合裡，要怎樣變出對世界有個人視角的我來？簡單來說，大腦如何產生心智？心智跟大腦又是什麼關係？這就是這一章要談論的關鍵問題。

在尋找答案的旅程中，我們會跟蝙蝠一起在黑夜中穿梭、在大腦裡漫步、解放被監禁的瑪莉、與殭屍交朋友，還要拼裝大腦義肢，耍弄中文書寫符號，以及在大腦裡植入智慧型手機。在這趟旅程的終點，我希望，你的意識將會打開。不過究竟什麼是意識？或許蝙蝠可以幫助我們回答這個問題。

蝙蝠的祕密

請想像一下，你是蝙蝠專家，對這種毛茸茸的夜行者瞭若指掌，包括牠們怎樣倒掛在天花板上，如何靠聲納在黑暗中全盲飛行，如何進食、溝通乃至於如何繁殖。從幾年前開始，你也研究蝙蝠的大腦，知道哪些區域負責哪些行為方式。

然而你一再問自己：當蝙蝠是什麼感覺？靠聲納在空間中定位，意即用耳朵代替視覺，是怎麼回事？擁有毛茸茸的、帶翅膀的身體是什麼感覺？蝙蝠聞到的世界是什麼味道，吃在嘴裡的食物是什麼滋味，蝙蝠的性生活感覺如何，聽到的又是怎樣的世界？我們能想像這些是什麼感覺嗎？

我們能否想像，當蝙蝠對蝙蝠來說作何感想？

這個思想實驗來自美國哲學家內格爾（Thomas Nagel, 1937-），他首先想指出的是，我們無法想像當蝙蝠是怎麼回事，就算我們穿上蝙蝠俠的服裝、吃蚊子、倒掛在天花板上，也無法了解。這麼做我們只會知道，吃蚊子跟倒掛在天花板上**對我們來說**是什麼感覺，可能就是噁心跟費力，然而我們無從得知蝙蝠作何感想。

內格爾的思想實驗很特殊，因為我們根本無從進行這個實驗，然而重要之處就在這裡：內格爾想指出，我們永遠不能從內心的視角出發，去認識另一個存在的意識；從內心裡我們唯一能認識的只是自己的心智。我們從來不能體會在另一個存在的內心裡，究竟進行著什麼，包括其他人類在內。我們可以猜測，可以把自身的體驗套用在他人身上，然而，當我與朋友一起吃著草莓冰淇淋、一起觀賞落日美景的時候，我無法知道我所體驗到的，是否跟朋友體驗到的是同一回事。內格爾認為：人類只能從主觀內在的視角研究意識。然而既然科學研究的是客觀事實，代表只能運用外在視角，所以科學不能研究我們的意識。

許多哲學家不會把話說這麼滿，比如奧地利哲學家維根斯坦就對內外視角的區分提出批判，他認為，在特定情況下，他人的行為能夠讓我們論斷他的心智狀態：如果一個人倒在地上，表情扭曲，還留著血，那麼就十分清楚，他一定感覺到疼痛。如果在這個情況下，我們還主張不知道他的內心狀態，是十分荒唐的。不過如果講到動物，維根斯坦認為，那就是另一回事，特別是當牠們的行為跟我們差異很大的時候。生物的行為離我們愈遙遠，我們就愈難以斷定，身為這種生物是怎麼回事。在這一點上，至少內格爾舉蝙蝠的例子是有道理的。

神經科學家嘗試從外部，意即透過大腦，來理解意識。他們觀察，當我們思考、感覺，以及表達意願時，大腦的哪些區域會有活動。不過神經科學研究的究竟是大腦還是心智？抑或兩者皆是？心智與大腦的關聯又是什麼？

腦中漫步

想知道你最好的朋友對你真正的看法嗎？你會希望仔細檢查他的大腦，以便尋找他最嚴密保存的祕密嗎？不過你在那兒會發現什麼呢？

請想像一下，你的身體縮小了數百萬倍，而且此刻真的處於好朋友的大腦裡，這個大腦相對於你是如此地巨大，你可以毫無拘束地四處遊走。好吧，也不是毫無困難：你得賣力穿過長滿神經細胞的原始叢林，到處都是組織、細胞質與血管，三不五時就有電流脈衝從旁閃過。

可是他的思想到底在哪裡啊？放眼望去，任何稍微像思想的東西都看不見。你與朋友共有的記憶在哪裡呢？他的感官印象又放在哪裡？他的「自我」位於何處？

這個思想實驗的雛型來自於德國哲學家與數學家萊布尼茲，他其實沒有把大腦比擬為血淋淋的原始叢林，而是跟一部複雜的機器做比較，不過所提出的問題是一樣的：即便我們能進到這部龐大的機器裡散步，也還是找不到思想與感受。

誰要是想藉由研究大腦，來找出感覺或思想，那他就找錯地方了。感覺與思想跟雷陣雨與山崩不同，明顯不是純粹由物質構成的現象，而是心智的程序。一切我們能在大腦裡找到的，都是由物質構成的，然而精神似乎完全是另一種東西。儘管如此，精神必定以某種方式與這些物質有所關聯，但又是怎樣的關聯呢？讓我們慢慢地切進這個重大的問題：

近代哲學之父笛卡兒認為，精神的確對身體發揮作用，比如當我們想要舉起手臂，手臂就真的舉了起來，然而身體同時也對精神產生影響，比如當我們撞到東西，接著就感到疼痛。所以笛卡兒服膺的是「交互作用論」（Interaktionismus），因為他認為，心智世界與物質世界處在交互影響的關係裡。但這怎麼可能呢？能量要如何在物理界與非物理界之間進行傳遞？用哪一種脈衝（Impuls）？又在何處發生？

精神與身體的對應

精神與物理界交互作用之處，也就是身體與精神的接口，笛卡兒認為是在松果體（Zirbeldrüse），大腦裡一個豌豆大小的部分。松果體負責在大腦裡讓竄來竄去的小粒子（笛卡兒稱這些粒子為活力〔Lebensgeister〕）

改換跑道，讓它們往新的方向跑去，辦法大概是透過精神的意志行為。依照當時物理學的錯誤認知，這種讓粒子改變方向的行動不需要力量。於是，根據笛卡兒的想法，精神可以使我們的手臂舉起，無須物理世界灌注能量的介入，所以宇宙間因果關係的完整性得到保存，能量不滅定律也不受影響。

後來人們發現，笛卡兒推論所依賴的物理學理論是錯誤的，比笛卡兒晚生五十年的萊布尼茲就已經發現，必須換個辦法來解決身體與精神聯結的難題，因為他知道，就算只是讓粒子改變方向，也需要力量。既然「交互作用論」與物理世界的因果完整性有衝突，便很難再站得住腳，所以萊布尼茲轉而提出「平行論」（Parallelismus）：精神與物體是兩個在因果關係上完全獨立的領域，彼此完全無法影響對方。那你的手臂怎麼會在你想這麼做的時候真的舉起來呢？為什麼你正好在受傷的時候感覺到疼痛呢？簡單說，如果這兩個領域是嚴格分離的，那為什麼精神現象與身體現象會如此準確地互相對應？萊布尼茲給了一個令人意想不到但是卻十分簡單的答案：是上帝讓這兩個領域準確地對應起來，好像兩座時鐘以完全相同的速度走著，永遠指著相同的時間，然而在因果上彼此毫無關聯。這位哲學大師用「預先命定的和諧」（eine prästabilierte Harmonie）來指稱這個現象——這豈不是靠著耍弄小聰明來當權宜之計嗎？

並不是。就當時的世界圖像而言，這個主張十分嚴肅。既然全知全能的上帝事先知道你的一切決定，所以祂也知道你會在什麼時候想舉起手臂；而且祂有能力讓你的身體如此運作，以至於你的手臂會剛好在你想這麼做的時候舉起來。上帝能讓物質完美地對應到精神上；至於如果全知的上帝預先知道你的一切決定，那你還有沒有自由意志，那又是另外一個問題了。我們留到之後談上帝與信仰的章節再來討論。

在這裡需要確定的是：不論是交互作用論還是平行論，只要一牽涉到解釋精神與大腦的交互關係時，都會遭遇極大的困難。

如果我們能說：精神不外乎就是大腦，這個謎題也就解開了。這是物理主義者提出的論題。他們宣稱：思想、感覺，以及願望不折不扣都是大腦的一些過程，就像水不外乎就是水分子的集結一樣。物理主義可以輕易地解釋，我們的精神如何讓身體移動，如何操控身體，因為從物理主義的觀點來說，我們的精神也是有形體的，因此也是物理世界的一部分；當精神要讓身體動的時候，就是物質對物質發揮影響，所以並不牽涉到什麼謎樣的難題，物理主義者如是說。

然而物理主義並不是沒有弱點，下面兩個思想實驗都直指物理主義者的要害，瑪莉與殭屍要來找他們算帳了！

瑪莉與顏色

你認識瑪莉嗎？她是當前研究顏色及人類顏色知覺的頂尖專家。她知道波長、視網膜、大腦如何處理視覺刺激等等的所有知識。只要是客觀上人類的顏色感覺知識，她無所不知。不過這個遊戲有個麻煩之處：瑪莉從來沒看過有顏色的對象；既不曾看過紅色的番茄，也沒見過藍色的天空。因為她從出生起就住在沒有色彩的房子裡，也在那裡工作，她只能看到黑色、白色與灰色。有一天，房子的門打開了，瑪莉終於可以離開這間陰森森的黑白房子了，她終於可以用自己的眼睛，看到那些她長年以來研究的對象：各種顏色！

現在要問的問題是：當瑪莉離開屋子，她會得到顏色的新知嗎？如果會，那表示她原本熟知的顏色知識是不完全的嗎？有什麼事實是連最完美的物理理論也無法描述的？在物理世界以外還有任何別的存在嗎？

這個思想實驗是由澳洲哲學家傑克森（Frank Jackson, 1943-）在一九八〇年代提出的，他想藉此反駁物理主義——後者主張，除了物理事實以外別無其他存在。那麼如果瑪莉在離開屋子之前，已經學到了一切顏色的物理事實，但是在走出屋子首度看到紅番茄後，卻仍然獲得顏色的新認知，那麼顏色就不只是相應的物理事實而已。簡而言之：瑪莉在首度看到紅番茄時，認知到另一個紅色的新事實，而且這個事實是非物理的，瑪莉新學到的是：看到紅色是怎麼一回事。賈克森據此推論，物理事實之外還有其他東西，所以物理主義是錯的。

物理主義的強硬派當然就使盡全身解數來反擊賈克森的論證，有些物理主義者認為，瑪莉學到的並非世界的新事實，而只是獲得了新的**能力**——瑪莉就像色盲，由於突然痊癒了而開始能看到顏色，以前她必須問別人她的套頭毛衣或對面的房子是什麼顏色，現在她可以自己辨認了，她並沒有學到任何新事實，現在不過是能夠自己確認的事實比以前容易多了而已：不用再問別人，只要自己看一下就好了。不過這種能力真的是瑪莉離開屋子後唯一獲得的東西嗎？她得到的難道不算是是知識？她的新能力難道不是建立在這個知識上？

感官特質是知識嗎？

其他的物理主義者認為，在離開屋子後，瑪莉新認識到的並不是新事實，而不過是對已知事實的新**視角**，成熟的番茄是紅色的，這一點早在瑪莉還住在黑白屋子裡的時候就知道了，因為她能分析從番茄反射出來的光的波長，並將之歸入紅色的光譜。她也已經知道，成熟番茄的景象能在人類身上引發紅色的顏色知覺，因為她知道，由成熟的番茄引發的視網膜刺激模式，以及與之對應的大腦活動會明白無誤地顯示出紅色的感官知覺。瑪莉在離開屋子之前唯一不知道的，只是紅色看起來**是怎麼回事**，以及，紅色的印象具有哪些**感官特質**，所以，瑪莉不知道的只是，原來紅色看起來是**這樣**。然而這個「這樣」並不是什麼問題，只要把這個字換成一個描述，就沒有那麼神祕了。比如有人說，紅番茄的顏色看起來就像「法拉利 Testarossa 跑車的顏色」，那他說的就是瑪莉在離開屋子前就已經知道的事，因為成熟的番茄跟法拉利 Testarossa 跑車會在我們的大腦裡喚起非常類似的顏色感覺樣式，而且人們都用「紅色」來指稱這兩種東西的顏色。

讓我們更尖銳地突顯這個問題：瑪莉在離開屋子之前已經知道，紅色的感覺印象具有紅色的感官特質，畢竟所有人都這麼說。然而一直到首度看到成熟的番茄時，瑪莉才明白，人們所說的「紅色的感官特質」是什麼意思。所以我們可以說，瑪莉只在離開屋子之後，才**真正理解**「紅色的感覺印象具有紅色的感官特質」這句話。然而不理解的事，就不算是知道，所以瑪莉還在房子裡的時候不可能已經**知道**「紅色的感覺印象具有紅色的感官特質」這回事；那是她出來後才真正知道的，所以她確實學到了新的事實。不是嗎？

接下來的思想實驗讓物理主義者陷入更深的困境，而且請了殭屍來幫忙。不過別怕，那是哲學上的殭屍，既不會凶殘成性，看上去也不讓人害怕。外表上他們跟正常人沒有兩樣，完全可以當你的好鄰居。

我的鄰居是好殭屍

請想像一下，你待人親切的鄰居是殭屍，不過不是像你在電影裡看過的那種的殭屍，而是哲學殭屍。在哲學裡，我們用「殭屍」描述一種存在：他什麼也經驗不到、感受不到，但是行為上跟正常人完全相同。也就是說，殭屍的行為跟人類在任何細節上都沒有分別，然而跟人類不同之處在於，殭屍沒有內心世界。殭屍缺少了所謂的「現象狀態」（phänomenale Zustände），專業上也稱之為「感質」（Qualia）：他不知道吃巧克力、欣賞日落或者聽貝多芬交響樂是怎麼回事，儘管這些事他都做過了。

你能想像你親切的好鄰居是殭屍嗎？你能完全排除這種可能性嗎？

這種哲學殭屍的構想在一九七〇年代出現，透過澳洲哲學家查爾墨斯（David Chalmers, 1966-）的論述而為人所知。查爾墨斯被視為是世上最出色的意識哲學家，儘管他仍然認為，我們的意識是一個很大的、尚未解開的謎。直截了當地說，我們就是無法解釋「體驗」這回事。人雖然可以證明，特定有意識的經驗跟特定的大腦活動有所關聯，意即會一起出現，但是大腦的狀態如何製造出有意識的體驗，查爾墨斯認為，是個難解的奧祕。

照查爾墨斯的說法，物理論論者想用詭計除掉這個奧祕：他們宣稱，有意識的體驗不外乎就是大腦的狀態，由此他們認定，願望、感受與思想這類心智狀態都可以由物理狀態導出，就像從杯子中裝滿水分子這個事實裡，可以推論出杯子裡面有水那樣。誰要是認識了分子結構與相關的自然法則，就能用邏輯論斷，該物質是透明的流體。同樣地，從對大腦的細部描述中，也能推斷出這個人是否感覺疼痛。

就物理論論者的立場而言，正如前面已經提過的，要回答「心智如何成為行動的原因」這個問題非常簡單，因為究竟而言，所有心智狀態都是物理狀態，所以也都能製造因果效應。既然口渴的感覺並非精神性或非物質的，而根本是某種物理存在，意即某種大腦狀態，那麼這種口渴之感也就能促使我們移動身體，走到冰箱，拿起一罐飲料喝。這種簡單的回答（而且不止於此）是物理主義觀點非常吸引人的地方，然而這個觀點也有弱點。

殭屍的例子就讓物理論論者十分困擾，殭屍不只在行為上跟正常人沒有差別（雖然他什麼都感覺不到），他還擁有跟正常人相同的大腦狀態，如果我們把殭屍的頭蓋骨切開，看到的會跟正常人的完全相同：你能測量腦的電流，也能辨識脈衝模式。唯一差別是，殭屍什麼體驗都沒有，他的內心一片黑暗。這種假想乍看之下有點匪夷所思，不過問題是，這樣的殭屍是否至少是可設想的，而且沒有矛盾的。如果是的話，那麼物理主義顯然就是錯的，因為他們宣稱，心智程序不過是大腦程序，當杯子裡有水分子時，那杯子裡一定也有水。殭屍的大腦卻像是一堆水分子的集合，但是卻沒有水；他有能運作的大腦，但是沒有體驗能力。如果你跟殭屍一起朝牆上撞，你腦中暴衝的神經元細胞跟殭屍的一樣，但是只有你覺得頭殼嗡嗡作響，殭屍卻毫無感覺，畢竟他連自我都沒有，也就談不上任何體驗。

精神是大腦的伴隨現象

在大腦程序與人感受到的體驗之間，如哲學家李維（Joseph Levine, 1952-）所形容的，「解釋環節上有個缺口」，不論你對大腦做出再精確的描述，都沒辦法邏輯地推論出人有什麼感覺，也許神經科學有一天會找到精確的對應法則，能把大腦狀態與人的體驗聯結起來，好比說「當神經纖維C有活動時，人會感覺疼痛」那樣。可是這也不代表疼痛這回事就跟大腦的神經纖維C的活動完全等同，要有大腦狀態才有疼痛，但是疼痛沒辦法化約成僅是大腦狀態。

基於自然法則，精神層次的變化，一定有賴於物理層面的變化。也就是說，大腦無變動，精神一定也不變。然而這並不等於說，對人類的大腦進行完整的描述，就能邏輯地推論出人是否感覺疼痛。疼痛之所以為疼痛，是因為具有特定的體驗性質（Erlebnisqualität），而這種體驗性質是無法完全描述的。你可以試試看，當你咬破胡椒子、聽到貨車從旁經過、或者輕輕摸著喉嚨時，你能不能絲絲入扣地描述這些感覺。

殭屍的思想實驗有其特殊之處，因為我們並不確知哲學殭屍究竟能不能被設想出來，如果可以設想，那物理主義就被推翻了。然而有的物理主義者主張，殭屍的構想是說不通的，就像說一個單身漢已婚一樣地自相矛盾。然而查爾墨斯認為殭屍之說可以成立，物理主義已被駁倒，不過哪一種意識理論才是最好的，查爾墨斯卻說自己也不太清楚。如此過了好長的一段時間，各門各派對此的討論也已經到了極其複雜和鑽牛角尖的地步。

查爾墨斯一度支持十九世紀時，赫胥黎（Thomas Henry Huxley, 1825-1895）[20]的「伴隨現象論」（Epiphänomenalismus）。依照這個理論，精神是大腦的伴隨現象，意即只是個附帶產物；精神狀態是由大腦狀態所產生，但是精神本身卻什麼也不產生。伴隨現象論就某種程度而言，是半個交互作用論，因為伴隨現象論認為大腦影響精神，精神卻不影響大腦。此說可以避開那個令人費解的問題——精神要如何把能量傳給身體——因為這種影響根本不存在。然而這種解釋也招來了另一個大問題，人的精神由此被貶低了，成了大腦控制的無用傀儡。伴隨現象論論者認為人的心智不能促成任何動作，手臂舉起來不是因為我們想要，而是因為大腦的活動；

所以，我們意識裡能感覺到的那個意志只是在蒙騙我們，讓我們以為自己能控制身體，實際上我們的行動都是自發的，跟我們的心跳或消化系統類似。這種說法聽起來非常不可信，然而又有什麼別的說法可信呢？各個理論似乎都有其優點與缺陷。

下一個思想實驗要介紹另一個很吸引人的觀點：功能主義（Funktionalismus）。科幻小說迷會很高興，因為牽涉到賽伯格（Cyborg），也就是一半是人、一半是機器的生物機器人。我們關注的問題是：未來的機器人能不能擁有思想、情感跟願望。

大腦義肢

請想像一下，你大腦裡的神經細胞正一個接一個地被非常微小的矽晶片取代。漸漸你的大腦大部分都是矽做的了，就像一臺電腦。而每一塊晶片所負擔的，都是原來那條神經細胞的功能，所以大腦的運作會跟原來完全一樣，只不過不是基於生物組織。

你的大腦使用了跟電腦一樣的硬體。這樣會發生什麼事？會一切突然變黑嗎？再也沒有嗅覺、沒有感覺了嗎？如果是這樣，那麼什麼時候會發

譯註20：十九世紀英國生物學家，支持達爾文的進化論，《美麗新世界》（*Brave New World*, 1932）的作者赫胥黎（Aldous Huxley, 1894-1963）為其孫。

生？是在晶片取代第一條神經細胞時就如此嗎？還是直到換了第一百萬條時才出現？意識會漸漸消逝嗎？還是一切如常，根本什麼問題都沒有？

假如一切毫無改變，那麼問題來了：機器人也可以有情感嗎？

這個思想實驗來自瑟爾（John Searle, 1932-），當代極富影響力的意識哲學家與語言哲學家。他想傳達的理念很簡單：我們的大腦由一千億條神經細胞構成，每一條神經細胞都有特定的功能；當受到鄰近的神經細胞足夠強的電流刺激，就會把這個刺激傳導下去。所以我們可以製造微晶片，一塊極其微小的電路，來執行跟神經細胞完全一樣的功能。這個晶片在接受特定輸入時，能做出跟神經細胞完全一樣的輸出，所以這個晶片能扮演跟神經細胞相同的因果環節，具有相同的功能。現在的問題是：如果只有一條神經細胞被換成晶片，你意識內的體驗會發生什麼事？在換到第一百萬條神經元之後，你會有何感覺？你的體驗特質會漸漸褪色嗎？還是有各別部門會被關閉？比如顏色知覺？你的行為會不會有什麼變化？

不過基本上，就算你的整個大腦都被晶片取代，一切應該都跟原來一樣，畢竟這些小小的控制元件負擔的就是原先神經細胞所具有的功能，所以整個大腦應該也能進行與先前相同的功能。只是大腦的硬體換了，那麼軟體應該能毫無障礙地繼續運行才是。

在微晶片取代了所有神經細胞之後，你現在是個生物機器人了，一半是人，一半是機器。你的腦換成了硬碟，那你有什麼感覺呢？如果你說：「完全一樣啊，」那你就是一個功能論論者。功能論是一九六〇年代由普特南與佛多（Jerry Fodor, 1935-）提出來的，基本論題是，人的心智狀態是由其功能來定義的。一個心智狀態，比如恐懼，定義就是「一個人害怕某對象、閃避某對象、以及遇到的時候會發抖」。像恐懼這樣的心智狀態讓我們在有特定輸入的時候，能以特定輸出做出反應，比如看到蛇就會發抖及躲開。至於這個功能在物理上如何實現，是無所謂的。所以功能論論者提出心智狀態的「多重可實現性」（multiple Realisierbarkeit）的說法：同一套軟體可以在任意一套硬體上執行。如果機器人可以被打造成看到蛇會發抖與逃跑，那我們就知道，機器人怕蛇。因為它的行為跟我們人類害怕的時候一模一樣。簡言之：只要機器人的行為跟我們人類完全一樣，那它就擁有跟人類相同的心智狀態；有思想、有願望跟情感，一樣不缺。

如果你認為這不可能，那你應該要能指出，在晶片取代神經細胞的思想實驗裡，什麼時候人的意識會消失，以及為什麼。為什麼精神需要生物的基礎？為什麼人工的硬體，假使它執行跟神經細胞相同的功能，不足以承擔一個精神的存在？

接下來的思想實驗想要指出，即便是最好的電腦，也不能擁有思想。西洋棋電腦雖然比人更會下棋，但是它根本不理解自己在做什麼；同樣的說法也適用於語言電腦：你可以跟它聊天，但是它什麼也不了解，不管是最簡單的還是最困難的內容。

中文房間

請想像一下，你一覺醒來，發現自己所在的房間堆滿了簍子，簍子裡全是些中文符號。此外你還發現一本看起來像是使用手冊的書。突然間有人從門縫遞了一張用中文寫的訊息進來，你一個字也看不懂。然後你翻看手冊（這你看得懂），發現裡面記載了這樣的規則：當你收到這個中文符號，就要把另一個特定的中文符號送出去。於是你在簍子裡找到那個符號，並把它送了出去。接著外面又傳了下一個符號進來。就這樣你愈來愈熟練，幾乎把整本使用手冊記到腦子裡了。你現在不管收到什麼符號，都知道要把哪個符號傳出去。

當然你是看不懂中文的，不過，你所做的跟懂中文的人沒有兩樣。房間外面的人會相信你是完全了解中文的人。

這個情境可以拿來跟電腦程式做比較：使用手冊是軟體、你是硬體，就像你其實不懂中文一樣，電腦同樣也不懂中文，即便如此，它卻總是可以適當地回答中文的問題，思考與理解不過只是依照正確的規則來運用語言符號那麼簡單，這就是此實驗所主張的論題。不過這樣正確嗎？電腦真的永遠不能思考嗎？如果未來的機器人無論在行為，還是語言溝通上都跟人類完全一樣，你要怎麼說？依照英國邏輯科學家圖靈（Alan Turing, 1912-1954）所發明的「圖靈實驗」來看，如果人可以跟電腦像跟人類一樣地溝通無礙，或者更準確地說：如果人無法分辨他正在跟人還是電腦談話，那這部電腦就算是會思考。所以如果你跟帳號 Daisy_81 聊了兩個小時，卻沒有發現其所做的回答跟發出的問題，都不是出自一個人，而是來自電腦程式，那這個程式就通過了圖靈測驗：這部電腦可以思考。這就是圖靈提出的論題。

瑟爾認為這個論題不值一提：他相信中文房間的思想實驗已經推翻了圖靈的說法；正確的符號使用還不能算是理解，如同這個思想實驗所指出的，所以功能主義被駁倒了。像思考或理解這樣的心智程序，瑟爾認為，不能僅由其功能來界定；機器人可以像我們的心智一樣地應對，但即便如此也不具有意識，也沒有思考或理解的能力，情感那就更談不上了。

現在讓我們用機器人來逼問瑟爾：請想像這個中文房間是巨大機器人的駕駛艙，這個機器人能透過攝影機辨識環境並走動，你現在就坐在駕駛艙裡，操控著機器人在北京到處走動。在駕駛座上，你的眼前有枝操縱桿，旁邊有臺電腦，螢幕上顯示著機器人的攝影機捕捉到的畫面。你看到街上有中文的告示牌，聽到周遭的人們所說的話，也能讓機器人依照目的執行動作。

有個中國人對你大喊：「You zhuan!」這你聽不懂，但是在翻看手冊後，你知道在聽到「You zhuan!」的時候，應該把操縱桿擺向右邊，於是你就照作了，並且發現，機器人真的向右轉了。所以「You zhuan!」極有可能就是「向右轉」的意思，事實上「You zhuan!」在中文裡確確實實地表示「右轉」。所以你不但執行了這個命令，而且似乎也了解了它的意思，因為你看到操縱桿向右打之後發生了什麼事。

現在你在螢幕上看到前方不遠處有一條奇特的、長長的東西，因為你不知道那是什麼，於是就再度翻查了手冊。手冊上在相應的圖片旁記載著，你應該在監控電腦裡輸入「Long」，並按下「送出」鍵。照做之後，你聽到機器人發出深沉的聲音說：「Long。」接著機器人周圍的所有人就都拍手了。為什麼？因為在你前方那條又長又奇怪的東西，正是一條龍。「Long」就是中文中「龍」的發音。這樣一來，拜這本手冊之賜，你彷彿能辨認出中國的龍，並且說出正確的名稱。

於是你學到中國的龍長什麼模樣，還知道「Long」是龍的意思，以及「You zhuan!」就是「向右轉」。雖然你只是按照手冊操作機器人，而且一開始一個中文字都不認識，但是現在你確實學到一點東西了。不是嗎？也許光是語言電腦確實不能了解任何東西，但是能夠走動、執行命令，以及認知環境的機器人呢？

環境是下一個思想實驗的主題。許多日常資訊我們並不是記在腦子裡，而是靠行事曆、記事本，以及智慧型手機等在我們之外的工具來保存。下面這個思想實驗想要指出，我們的精神不只住在頭殼之內，也住在外部的世界中。

智慧手機裡的心智

你遺失過你的智慧型手機嗎？包括所有電話號碼、行事曆，以及簡訊也跟著消失了？你感覺如何？會不會覺得有一部分的自我也跟著不見了？

請想像一下，你的智慧型手機被植入了你的大腦之中，現在你不用手，光靠思想就能取得手機上的資訊，所以你不用再在手機連絡人清單裡找電話號碼，只要在腦袋裡找就好了。以前被存在智慧型手機裡的資訊，現在成了完全私人的知識，只要你的手機連上網路，你立刻就能知道報紙上與維基百科上記載的一切。簡單說，你變成一個無所不知的天才。

不過，等一下：在手機植入之前，你不就已經無所不知了嗎？智慧手機放在腦裡跟拿在手上到底有什麼不同？你隨時能取得資料才是重點。也許你的心智不只存在於大腦裡，也存在你的智慧手機中。

這個思想實驗來自克拉克（Andy Clark, 1957-）與查爾墨斯兩位哲學家，他們藉此想為「外部心智」（Extended Mind）理論提供論據；這個理論是說，我們的心智不只存在於腦裡，也存在我們的周遭——在筆記本裡、行事曆裡，以及智慧型手機裡。簡言之：在我們所有的記事媒介及查詢工具裡，我們的部分心智並非存於腦中，而是在外面某處。

我們不只用大腦思考，這件事其實很容易證明，稍大一點的小孩就會用手來算數，會用手指完成四加五的計算，他們算數時甚至無法不用手，不過我們仍然可以說，這些小孩的的確確知道四加五等於九。有些成人計算時不只需要手，還需要紙筆，才能算出比如三四六加二三一減七六是多少。我們使用各式各樣的輔助工具，來減輕頭腦的負擔；在手帕上打結、把約好的日期寫進行事曆、把電話號碼記在手機裡，也在維基百科裡查詢資料。

請想像一位阿茲海默症患者，他已喪失了所有的長期記憶，現在他把應該記住的事情都寫在隨身的筆記本上，比如「我住在席勒街二十二號」或者「我的女朋友叫卡拉」。一般我們記在腦裡的東西，他都記入筆記本裡，以便隨時查詢，就像我們查詢記憶一樣。你會不會認為，這位阿茲海默患者對記在筆記本裡的事情都一無所知？還是他只知道重要的事情都在筆記本裡，讓他需要的時候可以查詢？可是我們這些記憶力正常運作的人，難道不也知道重要的事情都在記憶裡，需要的時候只要回想就好？也許你會反駁：但是阿茲海默患者的筆記本是可以被搶走的。確實如此。不過人的腦袋也可以被切開，包含記憶的那塊組織也可以用手術切除，當然這比搶筆記本來的麻煩一點，但還是可以設想的。

心智與記憶的外部延續

讓我們回到上述智慧型手機的思想實驗，假設有人把你的智慧型手機植入你的大腦，現在你光靠回想就能取得手機上的資訊。想像一下，這下子你多知道了多少東西！全部的電話號碼都背起來了，所有約定的日期都記在腦中，維基百科上全部條目都能直接召喚到腦海裡。沒有人會否認你真的知道這些資訊，都會以為這些資訊是你心智的一部分。可是當手機再度從腦中開刀拿出來後，你又得重新用手來查詢資料，大家就會改說這些資訊並不屬於你的心智，那不是你知道的東西。很奇怪吧？

克拉克與查爾墨斯相信，我們沒有足夠的理由區隔這兩種情況。因此他們主張，如果說有些程序與資訊在我們的腦中進行時，會被視為是我們心智的一部分，那麼這些過程與資訊即便在我們之外進行，也同樣應該被視為心智的一部分。唯一的條件是，這些資訊必須經過我們的消化，也必須維持在一查就找得到的狀態，就像那位阿茲海默患者寫在筆記本裡的資訊一樣。

法國作家普魯斯特（Marcel Proust, 1871-1922）在其巨著《追憶似水年華》（*À la recherche du temps perdu*, 1913-1927）裡說，「所以我們記憶最美好的部分乃在我們身外，存在於帶雨點的一絲微風吹拂之中，存在於一間臥房發黴的味道之中，或存在於第一個火苗的氣味之中，在凡是我們的頭腦沒有加以思考，不屑於加以記憶，可是我們自己追尋到了的地方。這是往日的最後留存，也是最美妙的部分，到了我們的淚水似乎已完全枯竭的時候，它仍能叫我們流下熱淚。」[21]有時候我們得聽到一首老歌，才能想起已經失去的友人，或者我們得重返小時候長大的地方，才能記起童年的時光。我們許多的記憶都是被埋藏起來的，需要正確的環境才能重新將之鮮活，因此普魯斯特認為，我們部分的記憶存活在我們之外。

我們的心智從哪裡開始，又在哪裡結束，實在沒有這麼容易界定。人類並非獨立存在的靈魂，而是血肉組成、有形有體的生物。我們把身邊的人放在心裡，也把生活環境做如此安排，以至於環境也成了自我的一部分。

譯註21：譯文引自普魯斯特，《追憶逝水年華》第二部〈在少女們身旁〉，桂裕芳/袁樹仁譯，上海譯林出版社，1990。見書中「第二卷 地名：地方」開頭處。 譯文經少許調整。

上帝與信仰

安瑟姆／上帝是可設想的最高存在
阿奎那／上帝是不被推動的推動者
巴斯卡／相信上帝是最明智的計算
費爾巴哈／上帝是人類的心理投射
羅素／沒有被否證不代表被證明

你曾經仰望夜空，質疑我們究竟為了什麼存在於地球上嗎？我們的生命是否有意義？宇宙又是如何產生的？

許多人認為生命是無意義的、不可想像的，他們感到孤獨、失落，覺得自己在這個冰冷無垠的宇宙裡十分多餘。因此他們相信，用他們的話來說是「某種更高的存在」、「更高的力量」或者直接相信神；這種信仰給生命創造了意義，給予他們支持、歸屬感與信念。他們就此安全了。一切都會好的。感謝主。

許多懷有信仰的人認為，上帝的存在雖然無法證明，然而也無可爭辯。信仰並不是知識，而是無須理由就能認可的真實，然而既然人們無法證實信仰的反面，即不能證實上帝不存在，那麼人就可以自己決定，要不要信仰上帝。對上帝的信仰究竟說來也就是觀點問題，人們可以無止盡地討論，然而以理性的方式是找不到解決辦法的。這些人如此認為。

但不是所有人都這麼看，今天仍然有人想用證明來支持自己的信仰，也還有人以上帝之名雙手染血；如果上帝存在與否只是觀點問題，那麼他們就不應該做出這種事。

哲學從古代就參與了信仰的討論，有些哲學家曾經試著以理性論證來證明上帝的存在，另一些哲學家則試著證明上帝不存在。還有的哲學家認為，我們應該信仰上帝，即便我們不能證明祂的存在，最後又有一派哲學家主張，我們不該信仰上帝，即便我們不能證明上帝不存在。

在這一章裡，我們要更仔細一點觀察這些論證與思想遊戲，好讓我們為之後「上帝與世界」的討論有更好的準備，現在就直接切入所謂的上帝存在論證。

可設想的最高存在

請舒服地躺進椅子裡，深呼吸，集中你心智的力量。好了嗎？那請你盡一切思考能力，設想一個最高、最善、也最強大的存在，這個完美的存在我們現在稱之為上帝。因為如果上帝不是一切存在中最聰明、最強大、也最善良的，那該是什麼呢？所以上帝就是這樣一種存在：比祂更偉大、更好是不可想像的。

現在精彩的部分來了：你怎麼設想這個最完美的存在？是實際存在著，還是並未實際存在？一定是實際存在著吧。因為不實際存在的東西就幾乎不可能是最好、也最高的，而只是幻影罷了。所以，實際存在這一點，必然屬於那最高的存有，就好像單身漢的概念必然包含未婚狀態，同樣地，上帝的概念也必然包含上帝存在。

讓我們總結一下：上帝是可設想的最高存在。對這個可設想的最高存在來說，其實際存在必然被包括在內。所以上帝存在。

這個既簡單、又讓人訝異的上帝存在論證出自十一世紀的哲學家，坎特伯里的安瑟姆（Anselm von Canterbury, 1033-1109），原籍是義大利人，後來在英格蘭成為主教。許多哲學家為他這個上帝論證想破了腦袋，確實我們很難不懷疑這裡面耍了詭計，但是準確說來詭計究竟在哪裡呢？論證中的哪個步驟是錯的？還是其實每一步都正確？

首先有人可以反對把上帝定義為「我們無法設想比他更崇高的存在」，因為上帝超越了我們的理性與想像力，我們不可以讓祂的崇高受限於我們的思想能力。這樣說也沒錯，可是絕大多數的信徒難道不會同意上帝是無條件的最高存在嗎？如果你覺得這個定義較好，那就採用這個。對這個上帝論證來說，上帝是「可設想最高的」還是「一切可能最高的」存在，都沒有影響。重點在於祂在最頂端，不過安瑟姆的上帝論證還有其他的狡猾之處。

啟蒙時代的著名哲學家康德曾深入地探討過安瑟姆的上帝論證，並對他提出激烈的批判，康德指責，從上帝概念並不能推論出上帝的實際存在。但是安瑟姆的論證就是這麼做的，這也是為什麼這個論證被稱為存有論（Ontologie）的上帝論證（古希臘文 on 表達「存有者」）。所以錯誤在於：從最高存有的想像或概念裡跨了出去，跨到對其實際存在的認定了。康德認為，光是想像事物存在，並不能由此推論該事物就真的存在，不然的話誰都可以想像一百萬歐元，並認定這些錢真實存在，這樣我們就一秒變有錢人了。

實際存在是屬性嗎？

不過等一等：上帝的情況跟一百萬歐元並不一樣。上帝**必須**存在；安瑟姆會說，上帝根本沒有別的選項。不實際存在的最高存有就算不是最高的存有者了，也就不是上帝。「實際存在」是上帝必然具備的性質，屬於其存有本身。因為我們無法在想到上帝時，不同時想到祂的實際存在。相反地，我們可以想像一百萬歐元，但無須設想真的有這些錢。在這個脈絡下，保險櫃裡的一百萬元就像獨角獸：我們能想像獨角獸，但不必然認為真的有這種動物。反之，安瑟姆認為，我們只有在認為上帝真的存在的同時，才能設想上帝。不過這樣對嗎？實際存在真的是上帝必然的屬性嗎？實際存在之屬於上帝，真的等同未婚狀態之屬於單身漢的概念嗎？「上帝不存在」這個說法，真的跟說「保羅是結了婚的光棍」一樣荒謬嗎？

首先必須說的是：如果「完美」概念就包含「實際存在」在內，那麼完美的雨傘跟完美的網球比賽也必定實際存在，因為這兩者都是我們能想像的事物，就像完美的存在一樣。這種反駁最早由馬爾穆捷的高尼洛（Gaunilo von Marmoutiers, fl. 11 century）提出，他是與坎特伯里的安瑟姆同時代的僧侶。高尼洛的說法是，如果完美概念包含實際存在，那麼完美的島嶼也必定實際存在，因為這也是可設想的。

康德用更犀利的方式陳述了這種反駁，他認為，「實際存在」根本不是屬性，跟事物的大小或顏色是兩回事。人可以描述物體，比如說它是圓形的、堅硬的與黃色的。但是如果有人說，這個圓形的、堅硬的黃色物體也實際存在，那他根本沒有給這物體加上什麼屬性，他並未縮小這種描述所可以適用的範圍，但是其他任何的條件——圓形的、堅硬的與黃色的——都使這個描述可以適用的範圍變小，但是加上「實際存在」卻並不會，除非你認為也有一些物體是不實際存在的。比如說有人認為網球分成實際存在與不實際存在的兩種，後一種雖然手摸不著，但是可以被設想，那麼實際存在的網球這種類別，比一切可設想的網球這種類別要小，「實際存在」就成了一種屬性，只適用於特定範圍的網球，即只限於實際存在的那些，而不適用於所有其他可能的網球。奧地利哲學家麥儂（Alexius Meinong, 1853-1920）就是採取這種立場。他認為存在一切可能的事物，不實際存在的事物亦被包括在內。對康德而言，這不是可以認真看待的選項，因為什麼叫做有一個並不實際存在的東西？如果有一個我的話，那我一定實際存在。反之亦然。

總結而言，我們可以說：既然「實際存在」在康德的眼裡根本不算屬性，那就不會是必然的屬性。所以誰若是說，實際存在包含在上帝概念之內，並因此是上帝概念中必然的屬性，那他就不懂得該怎麼使用該概念，他的上帝概念必然也稀疏平常的很。

於是安瑟姆的「存有論的上帝論證」看來是個錯誤的推論，不過這還不表示「上帝存在論證」的整體計畫已經失敗，還有其他人嘗試用理性論述來證明上帝的存在，讓我們仔細看下面這則宇宙論的上帝論證。

上帝——這顆絆腳的石頭

請想像一張撞球桌。桌上有一顆撞球。撞球沒有動，而是靜靜地停在桌上一處。可是你看！那球突然動了，自己動的，不是因為被另一顆撞球撞到。你不敢相信自己的眼睛，是有人把透明的線固定在球上，用這種辦法讓球移動了嗎？但是這裡根本沒有別人。還是撞球內部被裝上了動力，一個小馬達？你拿斧頭把這顆撞球劈開，看來看去：沒有馬達。什麼都沒有。

為什麼這起事件這樣令人目瞪口呆？不靠外力跟內部動力自己就這麼開始滾動的撞球有什麼了不起？「這怎麼可能！」你會說。這樣的事件不只違背我們的日常經驗，而且還違反我們的理性！畢竟一切都要有個原因，事情不會自己就這樣發生。最後一張骨牌倒下，是因為被前一張撞倒，而第一張骨牌之所以會倒下，是因為你用手去推。

每個運動都要有推動者。不過這樣說來，世界上最早、最早的第一起運動，究竟是誰推的？

也許你現在會問：這跟上帝有什麼關係？是這樣的：我們的世界裡有

各種運動：樹木會長高、行星會運轉，宇宙也不斷向外擴張。然而這一切是怎麼開始的？最早的第一個運動如何進入世界？是自己發生的嗎？這行不通，因為沒有任何事物的原因是他自己，那是透過世界上其他某個東西嗎？這也不行，因為那樣一來，這個運動就不會是一切最早的運動了。然而一切最早的運動必須存在，不然的話就不會有任何運動出現，畢竟一切都有個開端。那也許這第一個原因存在於世界之外？那一定只能如此了。在世界之外存在一個最初的推動者，而這個推動者我們稱之為上帝——所以：上帝存在！

「宇宙論的上帝論證」出現過好幾個不同版本，最早可追溯到古代的柏拉圖與亞里斯多德，中世紀最著名的哲學家阿奎那（Thomas von Aquin, 1225-1274），也是亞里斯多德著名的追隨者。他提出的版本大概是最清楚的：這個論證可以用三行來總結：

一、世界在運動中。

二、一切被推動者都是被其他某物推動的。

三、所以：世界之外必然有個推動者。

阿奎那想要指出的是，如果不接受上帝存在的認定，就根本不能解釋世界的運動與變動，就像不靠外力自己就滾動的撞球一樣地無法理解，事件並不會自動發生，而是必然由作為原因的其他事件所促成。這個原則適用於一切的事件，但是為什麼事件的原因串列不能無限地延伸下去？阿奎那認為，一個無限長的原因序列就等於永遠不曾開始，因為其開端被永恆地往前推延了，好比說，如果你打算打掃家裡，但是一直推遲到明天再做，那某一天你就會被垃圾淹沒。如果原因序列是無限長的話，世界雖然不會變成垃圾堆，但是將不會發生任何變化。但既然世界有變化，我們就必須假設，這個原因的序列不是無限長，而是在某個時候曾經有個開端。我們必須假設有這樣一個原因存在，其自身不靠任何其他原因而存在：一個早於一切的原因。原初的、不被推動的推動者——上帝。

上帝並沒有解決謎團

宇宙論的上帝存在論證有悠久的傳統，但是也讓許多聰明的腦袋陷入絕望。一方面，為什麼無止盡的原因序列被認為將什麼也不能促成，這一點並不明朗。如果事出必有因，而事件與事件的序列無限地回溯到過去裡，會有什麼問題？為什麼非要有最後的原因不可？用一張想像圖來說明：有一列無限長的火車，由無限多節車廂串成，每節車廂拉動下一節車廂，本身又被前一節車廂拉動。可是在最前面某處總該有個火車頭來拉動第一節車廂吧？那假設車廂走成一個圓形，第一節車廂被掛在最後一節車廂的尾巴——這樣我們也算是有一個無限長的圓形線條了。那樣的話，所有車廂不會靜止不動嗎？可是如果所有車廂已經處於運動之中，而且摩擦力為零呢？

另一個令人費解的地方是，一個本身不被推動也不變化的上帝如何能推動其他東西。亞里斯多德解決過這個問題：他認為，上帝僅僅依靠其存在就能推動萬物，就像備受敬愛的典範，而世界試著企及祂；上帝什麼也不做，僅僅是存在著，其他一切則努力追求祂。

但是還剩下一個問題：如果上帝從無到有創造了世界，那麼誰創造了上帝？回答一：上帝創造了自己；回答二：上帝是永恆的。但是這兩個回答同樣適用於世界：世界是由自己創造的，或者自永恆以來世界就一直存在。在世界的開端前設定上帝的存在，似乎只是拖延問題而已，因為跟世界的誕生比起來，上帝誕生的謎團並沒有比較小。

上帝與瑞士鐘錶匠

請想像一下，你擱淺在偏僻的島嶼上，在尋找飲水與食物的過程中，突然被地上的一座日晷絆倒。所以這個島上一定有人，或者至少曾經住過人，因為只有人類能製造出日晷，這種有其功能的東西不會偶然產生。但是那個造了日晷的人躲在哪裡呢？

現在請你想像，你是外星人，從非常遙遠的星球來到地球。你正在尋找較為高等的、與你能力相當的生物，但是到處只見綠色植被及動物。有些動物看起來比其他的聰明一點：他們用鋼筋水泥製造巢穴，開著有輪子的金屬箱子在區域內移動，大多時候都對著一個貼在耳朵上的、又小又薄的器具哇拉哇拉地吐著無法理解的噪音。既然你從未見過「人類」這種生物，你就對他們做了更仔細一點的觀察。你簡直驚呆了。光是眼睛就太厲害了。一個如此複雜的器官，即便在最小的細節處也呈現完美的設計。還有那大腦！太不可思議了。這個「人類」是一部如此繁複的機器，幾乎所有零件都彼此準確配合，比最出色的瑞士鐘錶還精密。這不可能是偶然產生的，你這麼想。一定有人製造了這些人類。這時你也注意到地球上美麗的大自然，以及其中完美安排的循環：蜜蜂採蜜的同時會給花授粉。

這大自然的設計太聰明了！一定是出於某個犀利的工匠之手，你這麼想。你非常高興，自己不是宇宙中唯一高等的生物。這個工匠必定非常巨大，而且極端聰明。但是他現在躲在哪裡呢？

這個日晷的思想實驗來自派利（William Paley, 1743-1805），十八世紀的英格蘭神學家。然而其中呈現的「目的論的上帝存在論證」（目的論〔Teleologie〕一詞來自古希臘文 telos，意指目的）卻有更古老的歷史，早在十三世紀阿奎那就已經提過，這個構想本身則可能跟人類文化同樣古老。從遠古開始人類就對大自然的美麗與複雜感到著迷，人類與大自然是如此精細與複雜的存在，的確值得驚嘆。我們呼吸的氧氣由植物產生，樹木由牛隻的排泄物獲得滋養，花朵靠蜜蜂的幫助得以繁衍。即便在生物體的內部，也同樣有精密且彼此配合的機制：一顆微小的精子與卵子能生成一個小小的人，而且具備人應該有的一切部分，每個部分都各司其職、互相合作。如果拿走其中一個部分，比如肺臟或視神經，我們就會窒息或者目盲。就像機械鐘錶，如果拿走一個小齒輪，鐘錶就停止不動了。

目的論的上帝論證宣稱：大自然如此複雜，不可能是偶然生成的，那就像說蒙娜麗莎的畫像根本不是由畫筆所繪，而是由四桶顏料潑灑出來時意外產生的一樣荒謬。這種偶然產生的方式雖然理論上不能完全排除，但確實極不可能，但是認為蒙娜麗莎是由一個懂繪畫的人所繪成，則是十分可信的說法。這個論證指出，我們稱之為世界的這個藝術品也適用相同的論述。把這個作品的產生歸於偶然，雖然也是有可能，但是可信度極低。因為像眼睛如此繁複的器官，如果其產生是純粹出於偶然，是令人難以置信的。遠遠更有說服力的說法是，睿智的上帝把世界安排成它現在的模樣，上帝的存在雖然無法用嚴密的邏輯予以證明，但是目的論證的假說對這個世界的複雜程度而言是最好的解釋。起碼，比偶然說好太多了。

自然選擇淘汰上帝

好幾年前，這套理路再度以「智慧設計」（Intelligent Design）的標籤出現在世人面前，其捍衛者宣稱，解釋世界的複雜性的最好辦法，就是設想有智慧的世界設計者存在，當然，這個設計者不外乎就是上帝。這套理論首要反對的是演化理論，後者嘗試用偶然與天擇來解釋世界的複雜狀態：物種有偶然變異的現象，較不適合生存的變種會被淘汰；因此生物隨著時間會愈來愈適應其生存環境。所以人類不需要上帝就能解釋世界何以如此複雜。在存有問題上，演化論認為精簡原則要優先適用：除非解釋上非如此需要不可，否則我們不應該認定任何對象、乃至於任何神明的存在。這種解釋的精簡原則也被稱做奧坎的剃刀，因為最早是由中世紀的哲學家奧坎的威廉（William von Ockham, c. 1285-1349）所提出來的，其認為，如果事物被設定為不存在也可行的話，那麼就不應該認定其存在。如果認真運用此一原則，則親愛的上帝也會慘遭這把奧坎剃刀的毒手，所剩的只是達爾文（Charles Darwin, 1809-1882）主張的偶然性與自然選擇，以及極其漫長的時間。演化論論者認為這些就夠了。

這三大上帝存在論證都夾帶了詭論，不過也許並沒有那麼糟糕。因為，我們真的需要先證明上帝的存在，才有充足理由來信仰祂嗎？答案是否定的。至少接下來的這個論證做出了這樣的推論。如果你是個崇尚理性的人，也關心你的幸福的話，那你就應該信仰上帝。

巴斯卡的賭注論證

假設我們既無法證明上帝存在，也無法證明上帝不存在。但是你心裡還是想著：我應該相信有上帝還是沒有上帝呢？答案是，你應該相信有上帝。因為，假如你相信上帝，那麼只要上帝真的存在，那麼你在來生裡將享有永恆的幸福。假如結果是你弄錯了，並沒有上帝，結果也只是你在此世少了一點樂趣，但不會有多大的壞處。但是假如你不相信上帝，但是真的有上帝的話，那麼儘管你在此世多了一點樂趣，但是死後將永恆地在地獄裡煎熬。

所以，如果你是理性的話，那你就應該相信上帝。快去相信祂吧。

這個論證來自十七世紀法國數學家與哲學家巴斯卡（Blaise Pascal, 1623-1662），這個論證的思路並不那麼容易領會，而且有不少預設背景。首先巴斯卡的基本設定是，信仰者在此生比不信上帝的人過得更有樂趣。這個不難明白：十誡給我們施加的限制可不小。還有七宗罪的誡令也是如此，只要想想淫欲、暴食跟懶惰這三條就好。此外巴斯卡還認定，不信上帝的人在死後會因為不信神與其他罪過遭受懲罰，必將忍受煎熬，刑期直到永恆。最後，巴斯卡還預設，如果沒有上帝，那麼死亡就是生命的終結，沒有死後的世界可言。我們可以用以下的表格來釐清：

	上帝存在	上帝不存在
你相信上帝	此生有限的痛苦 死後享永恆的幸福 **總和：無限的幸福**	此生有限的痛苦 死後化為虛無 **總和：有限的痛苦**
你不相信上帝	此生有限的幸福 死後無限的痛苦 **總和：無限的痛苦**	此生有限的幸福 死後化為虛無 **總和：有限的幸福**

要是你相信上帝，你就有機會獲得幸福，比不相信上帝的結果要好得多。所以，如果你願意為自己謀最大的福利，那你就應該盡快去信仰上帝，假如你尚未這麼做的話。就算上帝的存在機率非常小也是一樣，就算上帝不存在的機率比存在大一千倍，相信上帝仍然是最明智的計算。請不要低估死後的世界是永恆的！在地獄裡哪怕只待一天也是度日如年。

不過就算我們接受巴斯卡的這些基本認定，他的論證還是有瑕疵。因為巴斯卡好像以為，要不要相信上帝，是我們可以決定的事，就像決定要不要去室內游泳池游泳那樣簡單。可是信仰似乎不是這麼回事。如果你知道相信某事會讓你過得更好，你能就此相信這件事嗎？比如說，如果你知道，只要相信每天都是晴天、所有人都喜歡你、世界上沒有貧困，很可能你真的就會滿心歡喜。但這是行不通的。你所懷抱的願望，改變不了你確定的信念，如果能的話那未免也太美好了。比如你吞下安慰劑，並讓自己相信那是真的藥，然後病就好了。可是如果病人知道那只是安慰劑，怎麼可能還會有效呢？安慰劑只對那些以為吃了真藥的人有效。

我們願意相信的，並不是對我們最有益的事，而是真實的事。儘管有時人們會自我欺騙，比如相信自家小孩是最漂亮、最聰明的，或者以為最愛的人會深刻地了解我們。這種自我欺騙十分常見，原因不外乎這麼相信能讓我們愉快，然而我們無法有意識地決定是否相信這些。

道德的拐杖

請想像一下，有這麼一個無所不知的存在，監視你所走的每一步路，以及你心中的每一個念頭。老大哥在看著你！當你在書報攤上順手摸走一包口香糖，或者對朋友撒謊，這位全知者都會看在眼裡。而且你會因此受到懲罰！如果真有這麼一個全知者存在，你會比較少踰越道德界線嗎？如果大家都相信有全知者存在，世界會不會變得更好？

這個思想實驗最早大概可以追溯到古希臘智士與政治家克利提亞斯（Kritias, c.460-403 BC）。他認為，神明不外乎是智者想出來的聰明辦法。意思是說，神明是政治伸出來的手臂，用宗教手段實現的政治延伸。因為城邦的法律與執法者無法阻擋人們在暗地裡做出不義之事。但是神明管得到。如果人們在一切作為與念頭上都覺得被監督，也會害怕受罰，那麼即便在不受他人控管時，人們也還是會遵守法律。

順著這個理論，康德提出的版本較為軟弱無力。康德認為，信仰會強化我們的道德行為。因為在我們的世界裡，好人不一定總是有好報，壞人也不一定被懲罰。好人常常是個笨蛋：被利用完後就被拋棄。保持良好道德常常划不來。至少我們在地球上的此生是如此。我們唯一能期待的，是死後的世界會不一樣。康德認為，因為道德，我們可以寄望靈魂在死後繼續存活，並且得到與我們的善行相當的報償。值得幸福的人在彼岸將是幸福的。上帝會讓此事實現。至少我們如此希望。

當然，這不是上帝存在的好論證。如果我們相信有上帝，就會有更好的道德行為，這並不能證明上帝存在。我們對小孩講美好的童話，能讓小孩睡得更香甜，但這也不能讓童話更真實。此外也沒有實際的證據可以證明，有信仰就會變成更好的人。

幫超人辯護

請舉出人類一切值得讚賞的特質，並想像這些特質無限倍的總和。現在請想像有一個存在將這一切都包含其中。我們設想的上帝差不多就是這樣：祂是萬能、全善與全知的存在；超乎一切的強大，超乎一切的善良，也超乎一切的睿智。人們在這個超人的庇護傘下過著安全、無憂無慮、有歸屬感的生活，就像在溫暖、提供保護的屋頂下。

可惜這個說法也有個困難之處。如果上帝真的存在，那麼祂似乎是個非常馬虎敷衍的人。畢竟我們的世界充滿了戰爭、自然災害、疾病、痛苦與不義。這些上帝都沒看到嗎？那祂就不是全知的。祂看到但覺得無所謂嗎？那祂就不是全善的。還是祂看到也在乎，但是愛莫能助？那祂就不是萬能的。

所以，上帝需要超強律師來幫祂辯護，幫祂解釋這一切的惡皆是有道理的。

上帝就是人所希望成為的典範。這個論題來自德國哲學家與宗教批判者費爾巴哈（Ludwig Feuerbach, 1804-1872），他認為，上帝是人類的心理投射：是一種幻想的產物，含有人類渴望成為的一切。上帝是理想的自我，所以上帝在一切面向上都是完美的，而且永恆不朽。

在西方歷史上，神學家與哲學家一再賦予上帝三種典型的特質：萬能、全善與全知。但是這些特質產生了好些問題，光是萬能這一項就製造了不少謎團，因為好事的人會問：萬能的上帝能創造一塊沉重的石頭，重到連祂自己都舉不起來嗎？假設祂造了這樣的石頭，那這不就抵消了祂自己的萬能嗎？那祂還算是上帝嗎？還是這塊石頭不合情理，就像三個角的四方形？

產生問題的不只上帝的萬能，祂的全知也不是毫無疑問。因為，那你如何還能是自由的，如果祂今天已經知道你明天會做什麼？對此有人提出聰明的回答：你的行為並不會因為有人事先知道，就因此是不自由的。好比你知道朋友什麼時候會給你慶生，不用說就是在你生日那天。然而朋友的祝福，並不因為你事先知情而成為預先決定的、不自由的行動，事先知情跟預先決定並不能劃上等號。上帝知道事情將如何發生，但是事情並不是因為上帝的預先知情才發生的。上帝能看見時間的全景「過去、現在與未來」在面前展開，就像當我們看到時間的線段從過去往現在延伸而來，上頭標記著「一九八九年——柏林圍牆倒塌」。我們知道當時所發生的，但是那些事並不是因為我們現在知道才發生的。

撒旦為何存在

除了這些可大可小的嚴肅困境，上帝的萬能、全善與全知還有其他也很難說得通的地方，那就是世界上的痛苦與不義。上帝似乎要為這些苦難負責，因為作為萬能的存在，祂隨時都可以直接介入，不論發生的是颶風、旱災、癌症、戰爭還是校園屠殺。這些苦難如何能跟萬能、全善與全知的上帝並存無礙？製造出或至少容忍這些苦難發生的上帝，如何還可以稱為上帝？德國哲學家萊布尼茲把這些問題稱為神義論（Theodizee），以世界的苦難為背景，來證明上帝是正義的。

要在考量世界苦難的情況下為上帝辯護，有幾個不同的策略，基督教聖人奧古斯丁（Augustinus Hipponensis, 354-420）認為，並不存在所謂的惡，惡不過是善的缺席，就像盲人缺少視覺能力，同樣地，殺人凶手也缺少道德。殺人凶手並不具有惡劣的特質，不過是善的性質沒有出現在他身上而已。所以，這位神性的造物者並沒有創造出任何的惡，因為那些惡不過是善的匱乏，也就不算是世界本身的構成元素。這個論證並不特別有說服力，不過還有其他路線更可能解釋世界上何以有惡的存在。

戰爭與校園屠殺並不需要由上帝負責，因為那是人類的行為；上帝雖然創造了人類，但是並沒有奪走人的自由。因為人類擁有自由的世界，比到處都是機器人的世界更好。但是這就造成一個結果，即人類不只能決定為善，而是也能選擇為惡，例如戰爭或校園屠殺。這就是萊布尼茲的看法。

但是說到旱災、殞石襲擊，以及癌症等天災，又該如何為上帝的袖手旁觀開脫？一個可能的說法是，這些苦難都是針對人類犯行的懲罰或警告，說是上帝賞的耳光也行。這種論述一方面過於傲慢與不人性，但更大的困難在於無法舉證，具體來說，究竟是哪些犯行逼得上帝對我們施加懲罰？我的母親做了什麼，為什麼偏偏是她得了癌症？颱風為什麼偏偏掃過菲律賓而不是瑞士？

另一種論述則是用別的角度來評價事件。比如說人可以宣稱，癌症與旱災飢荒是必要的惡，因為只有在惡的襯托下，善才能存在，沒有痛苦就沒有快樂。不過真的是如此嗎？真的只因為善無法脫離惡而存在，所以不可能有更好的世界？確實，如果我們不知道「光明」是什麼，就不能理解「黑暗」的含意；確實，飢餓是最好的廚師。然而這一切並不等於說，世界必須遵循著善惡必須平衡的惡法，所以沒有哪裡可以比目前的模樣更好。因為如果真是如此，那麼上帝在這個法則面前就會跟我們一樣束手無策。

下一個讓世界的惡與上帝的萬能、全知、全善互不衝突的策略重點在於，主張這些可怕的事件其實並不可怕，而是善的，只不過人類不能理解而已。從上帝的視角看來，這一切都有意義，世界上的苦難就像看牙醫般的疼痛：短期來說的確令人困擾，但是長期而言是唯一正確的事。然而，這一切從上帝的視角看來到底有什麼意義？只要這一點沒有得到澄清，這個論述就頗為空洞。宣稱「天主的道路是不可思議的」，只是巧妙地迴避了答案而已。撒旦的信徒同樣可以宣稱，撒旦統治這個世界，世上的一切都是痛苦與邪惡；和平、愛與幸福不過是表面如此或者短暫的善，從撒旦的視角，我們所生活的世界其實是一切可能的世界當中最壞的那一個。只不過我們人類不能理解而已，因為撒旦的道路是不可思議的。

撒旦之名帶我們走到最後一個論述：讓慈愛的上帝與邪惡的撒旦彼此對立，也就是讓善與惡兩股力量互相抗衡。這樣一來，世界上的惡就屬於魔鬼，世界上的善則歸於上帝。人類是上帝與魔鬼間權力遊戲的傀儡，然而這種為上帝所做的辯護反而限制了祂的萬能，因為無所不能的上帝應該早就消滅魔鬼了。難道不是嗎？

太空茶壺

請想像一下，你的鄰居宣稱，地球與火星之間有一個茶壺繞著太陽運轉，到目前為止還沒有人觀測到這個茶壺，因為茶壺太小了，小於望遠鏡的觀測範圍。然而茶壺的存在也從來不曾被否證過，起碼，你這位鄰居對這個茶壺的存在就深信不疑，讓我們稱他為茶壺論論者，他現在宣稱，只要沒有人能反駁他的觀點，他就不會改變他的信念。證明的義務落在「反茶壺論論者」的頭上，也就是那些宣稱此茶壺並不存在的人。茶壺論論者堅持，沒有被否證的事，就是可以相信的。

然而這正確嗎？應該提出證明的人是誰？反茶壺論論者還是茶壺論論者？還是說懷疑論才是這場爭論中唯一理性的立場，也就是說，完全不提出知識主張，而僅止於宣稱，我們不知道這個茶壺是否存在？

哪一種信念才最站得住腳：第一、相信茶壺的存在；第二、相信茶壺不存在，還是第三、不做任何判斷？

這個思想實驗來自英國邏輯學家與哲學家羅素（Bertrand Russell, 1872-1970），他想指出的是，科學沒有義務證明上帝不存在，宗教才必須證明上帝存在。只要這個證明沒有被提出，羅素認為，那麼我們就有很好的理由認為上帝不存在；如果某事物的存在有所爭議，那麼證明的義務總是落在認為其存在的人頭上。不過我們有什麼理由支持這個理論呢？

羅素的理論可以用訴諸證明的精簡原則來證明，也就是說，若非絕對必要，不應該認定事物存在。如果我們可以通過物理法則來解釋閃電跟打雷，那就應該讓宙斯這樣的神明退出解釋模型；既然沒有任何現象是只能通過假設有太空茶壺才能解釋的，那麼就不應該假設有這麼一個茶壺存在。然而，如果有人看到聖母顯靈，或者相信自己聽到上帝的聲音，這些不也是需要解釋的現象嗎？當然了！不過，科學對這些現象也有其解釋，以科學的角度來說，這些都是妄想與幻覺，是由於異常的腦部活動而產生的。

羅素的理論還可以用「歸謬證明法」（reductio ad absurdum）來論述，也就是證明對手（即茶壺論論者）的立場會導致荒謬的結果。如果茶壺論認為，只要沒有被推翻，就都是可相信的，那就等於給各種偏激與瘋狂的信仰打開了大門。因為世界上有各式各樣稀奇古怪的假說，都是無法證明與反駁的，像是有人認為我們的世界是由一隻會飛的義大利麵條怪獸所創造的，或者有人相信世界上所有地方，只要人類的目光沒有觸及，都有隻小小粉紅象坐在那裡，只要人一往那裡看去，小粉紅象就會化為空氣。雖然這些怪異的信念都無法用證明推翻，但是任何認真相信這些說法的人，都會被我們認為是非理性的，甚至是腦筋不正常。所以茶壺論會導致荒謬的後果，因為他等於認為，相信這些瘋狂的理論是一點也沒錯的。

在上帝存在論證的討論裡有三個陣營：信徒、無神論論者，及不可知論論者。第一組宣稱上帝存在，第二組說不存在，第三組則不做判斷。許多非信徒會認為自己更接近較易溝通的不可知論論者，而非死硬派的無神論論者。羅素提出的茶壺論思想遊戲，是想把不可知論論者變成無神論論者。如果牽涉的對象是可笑的太空茶壺或看不見的粉紅象，那麼大多數人都不是不可知論論者，而是立場堅定的反茶壺論論者與粉紅象反對者。然而若是牽涉到上帝的存在，那麼只要支持上帝存在的證據，不比支持粉紅象更多，那麼這些自認的不可知論論者就不應該繼續自我矇騙，而是應該表明自己是無神論論者：不然他們就前後矛盾了。

邏輯與語言

羅素／集合不可能把自己當成項目之一而包含在內

奎因／存有懷疑的時候，要選擇盡可能善意的詮釋

維根斯坦／在語言裡，字詞的含意就是其使用方式

普特南／字的含意並不存在於我們的腦袋裡

伽達默爾／詮釋取決於個人對意義的期待

葛萊斯／對話應符合普遍基本規則

哲學總是脫離不了論證、提出理由以及論斷。所以哲學的基礎是邏輯，即研究如何正確推論的學問。而怎麼樣才是正確的推論？常常有人舉出下面這個範例：

一、蘇格拉底是人。
二、所有人都會死。

三、所以：蘇格拉底會死。

前提一、二為真，結論三也就為真。到這裡都沒問題。不過請再看看接下來這個例子，你覺得如何呢？

一、一塊麵包比沒有東西好。
二、沒有東西比媽媽的千層麵好。

三、所以：一塊麵包比媽媽的千層麵好。

咦？怎麼會這樣？推論出錯了吧？可是，如果A比B好，B又比C好，不就等於A比C好嗎？問題出在哪裡呢？語言誤導了我們。因為「沒有東西」這個概念並不能指涉出叫「虛無」的對象，而是什麼都不能表達。就像我們說下雨一樣，如果下雨了（es regnet），那就只是下雨了，es是個虛主詞，並不代表任何東西。所以研究邏輯時，必須特別留意語言的陷阱，到處都可能發生誤會。範例不勝枚舉，讓我們先說到這裡。

人類溝通成癮，失去語言，生活就變得寂寞、無聊，甚至可能致命；因為交談能幫助我們理解世界、他人跟自己。我們從幼兒時期就開口講話，首先模仿其他人發出的聲音，對他們做出回應，透過字詞與句子講出我們的要求。在這個過程中，我們像玩遊戲一樣地學習語言：不僅是旁觀，而是參與其中。透過語言的學習，世界在我們的面前打開；每學習一種語言，就代表浸淫到另一個世界裡。我們運用概念來掌握事物，釐清世界的秩序，讓我們可以理解世界。

隨著年齡的增長，語句與辭彙的網絡愈來愈複雜，使用的概念也愈來愈抽象，我們會理所當然地談論「中國」、「工業化」、人類的「尊嚴」，這些東西要麼遠在天邊、要麼已經消逝很久，或者基本上不可見。

我們還會用「什麼都沒有」、「儘管如此」或「謝謝」這類語言表達，這些辭彙都不指涉世界上的任何物件，卻仍然有其含意。

許多人會覺得語言是人人都有、理所當然的東西，但語言卻恰恰是生活中最讓人困惑不解之處，就這一點來說，語言也是哲學典型的研究課題，令我們感到既熟悉，又陌生。因為，我們可以問，語言究竟為什麼會關涉到對象？我們怎麼能夠僅僅靠聲音，就讓旁人了解我們的感受？我們如何能確認，其他人使用「樹」這個字時，意思跟我們想的一樣？我們如何能說一件事，但是卻意謂著其反面？我們能脫離語言而思考嗎？語言跟我們的自我認同又有什麼關係？

自古以來，語言就是西方哲學的課題，在二十世紀，語言成為特別重要的議題，哲學家維根斯坦甚至認為，哲學的首要任務，就是詳細地檢視我們的語言；那樣的話，哲學問題就會自動消失。因為，維根斯坦認為，哲學問題都是些假命題，只因為我們誤解了自己的語言才會產生，好比小孩子懵懂地問：「風不吹的時候在做什麼？」

維根斯坦的觀點很極端，現在幾乎沒有人還會宣稱，哲學問題都可以用語言分析來解決；然而，語言在今日的哲學領域裡仍然佔有核心的地位。研究哲學的人，必須精準地判讀、周詳地陳述，並且釐清重要的概念。語言就是哲學家的工作素材，因為哲學的首要任務，就是要把概念說清楚、講明白。誰要是問我們是否自由，就得先釐清，「自由」是什麼意思。然而「意思」究竟是什麼？字詞怎麼會有意思？我們又該如何找出像「自由」、「自我」、「意識」、「時間」或者「正義」這些辭彙的意思？這便是這一章要關注的問題。但是讓我們先來看一下，理髮師該怎麼處理他的鬍子：他能自己刮鬍子嗎？

理髮師

村子裡住著理髮師，他只幫自己不刮鬍子的村民刮鬍子。準確地說，他幫每個自己不刮鬍子的村民刮鬍子，但是不幫自己刮鬍子的村民刮鬍子。那他自己的鬍子該怎麼辦呢？他是自己刮，還是讓別人幫他刮？

假設他自己刮鬍子，那就表示，他自己不刮鬍子，因為他向來只幫自己不刮鬍子的人刮鬍子。但是如果他自己不刮鬍子，那他就一定是自己刮鬍子，因為他幫所有自己不刮鬍子的人刮鬍子。

不管理髮師刮還是不刮，都會陷入困境裡。

這個謎題來自二十世紀的英國哲學家與邏輯學家羅素，其以無神論與反戰主義的言論聞名。這個謎團牽涉到邏輯上的二律背反（Antinomie）：從論題中會導出自身的相反命題，而從論題的相反命題中又會導出論題的本身。應用在理髮師的思想實驗上，如果他為自己刮鬍子，卻會得出自己不刮鬍子，而如果他不幫自己刮鬍子，又會導出他自己刮鬍子。這種二律背反並不罕見，你可以看看這句話：「這句話是錯的。」如果這句話為真，那就是錯的，而如果這句話是錯的，那這句話卻又說對了。也許你也聽過克里特島人的例子，有個克里特島人說：「所有克里特島人都撒謊。」問題是，那這個克里特島人在撒謊嗎？

在解決理髮師的謎團之前，我們應該了解，為什麼二律背反在二十世紀初時讓邏輯學家與數學家想破了頭。羅素這個理髮師的例子搖撼了數學家腳下的地基，幾乎讓整個數理系統應聲倒下。因為集合論（Mengenlehre）在當時被認為是數學的基礎，羅素的例子卻顯示出集合的概念（也就是數學的基本概念）會自相矛盾。如果我們可以建立任意的集合，比如藍色小屋的集合，或包括十個項目以上的集合的集合，那我們也可以建立

「由所有不包括自身在內的集合所組成的集合」。然而如果有人問，這個集合是否包含自身在內，就會導致二律背反，就像問理髮師自己到底刮不刮鬍子一樣。作為數學基礎的集合論就此搖搖欲墜，而數學又被視為物理學的基礎，物理學又負責解釋這個世界，所以羅素就此撼動了科學解釋世界的地基。

集合不能包含自身

說來幸運，這套解釋體系並沒有就此倒下。羅素不只發現了問題，同時也找到解答。他的「類型理論」（Typhentheorie）可以防止二律背反的發生。類型論要求，集合雖然可以包括其他集合在內，但其他集合必須屬於另一類型，層級也要低一層；集合總是比其包含的項目高一層，即便那些項目本身也是集合。也就是說，集合不可能把自己當成項目之一而包含在內。「一個集合是否包含自己在內」這種問題是無意義的，就好像問戀愛的屬性本身是否也戀愛了。提出這種問題的人，忘記了只有人類可以戀愛，特質是不能戀愛的。

這對我們的理髮師意味著什麼呢？他的鬍子該怎麼辦？依照羅素的集合論，理髮師不可能自己刮鬍子，因為那就等於集合把自己當成項目之一而包含在內。羅素的解法形同把理髮師趕出村子，剝奪他作為村民的資格；幫村民刮鬍子的理髮師，本身就不能是村民，如果他住在村外，那他幫自己不刮鬍子的人刮鬍子就毫無問題。然而，把他趕出村子真的解決問題了嗎？是否只迴避了問題？為什麼理髮師不能住在村裡？答案是：因為他若住在村裡，就成了自相矛盾的存在，同時自己刮鬍子又自己不刮鬍子，是不可能存在的人。而且，既然世界上不能有自相矛盾的東西存在，我們也就必須修改設定，要麼他離開村子，要麼他換個工作，或者去接受徹底除掉鬍子的療程。

下一個例子不講鬍鬚了，而是討論禿頭，如果你以為「哎呀，又是個男人的問題」，那你就完全弄錯了，禿頭跟我們所有人息息相關。適用於禿頭的，應該也能適用於腿毛。

禿頭

你掉頭髮嗎？別擔心，你永遠不會禿頭，邏輯上不可能。不相信？那請仔細看：假設你今天有滿頭頭髮，可是每一秒就掉一根，從什麼時候算起你將是禿頭呢？哪一根頭髮將是關鍵性的，在那之後你就算禿頭？任何一根都不是。誰要是滿頭的頭髮，那就是滿頭的頭髮，即使掉了一根，也不會改變這個事實。一根頭髮不能決定你是不是禿頭，這個規則可以一直適用下去，包括在第一根頭髮掉落後，與第二根頭髮掉落之前。所以你可以一直掉任意多根的頭髮，而且永遠都不會禿頭——就算你頭上一根頭髮也不剩也是一樣。你放心了嗎？大概不會。但是這個推論錯在哪裡呢？

古代哲學就已經提出了這種沙堆悖論（Sorites-Paradox；Sorites 是古希臘文，意思是「堆」），當時的問題是：幾粒沙子算是一堆？或者，我能從一堆沙裡取走多少粒，讓那堆沙子不再算是一堆？

這種悖論之所以會出現，是因為「堆」與「禿頭」等表達方式是模糊的，沒有準確的邊界；如果我們可以設想出臨界的情況，讓這個概念彷彿可以適用又好像不可以，就構成模糊不清。模糊不清不只在哲學裡算是個大問題，在法律、醫學或運動領域裡，同樣都構成問題，事實上任何有流動的過渡狀態都成問題。什麼叫「過度」消費？什麼時候胚胎不再是胚胎，而是一個「人」？什麼行為算是「重大過失」？需要滿足什麼條件，一個人才算是「無判斷能力」？這全都是非常困難、但至關重要的問題。所以模糊不清不只是哲學框框內的玻璃珠遊戲，而是真正的問題，在社會的各個領域中層出不窮。

沙堆悖論該如何解決？讓我們先重新建立一下這個論證，它有兩個前提和一個結論。

一、十萬粒沙子構成一堆。

二、如果 n 粒沙子構成一堆，那麼 n-1 粒沙子仍然構成一堆。

三、僅剩一粒沙子也還構成一堆！

這是標準的悖論結論：從看起來正確的前提，以看起來正確的方式，推出明顯錯誤的結論來。你準確來說有三個選擇：一你可以接受這個結論，二是推翻其中一個前提，或者選三，質疑推論的有效性。第一個選擇最好不要考慮，因為那會產生荒謬的結果，你將能證明所有東西都能成堆，所有人都是禿頭，以及兩公尺高的人是個矮子。這是荒謬的，論證的結論明顯是錯的，因為光是一粒穀子絕對不算一堆。所以一定是前提或推論過程有誤。

看不見的界限

推論過程本身看起來沒問題。那就讓我們來看兩個前提：第一個看起來很安全，但是第二個就危險一點。這個前提說，光是一粒沙子之差不會造成改變：即便你從中取走一粒沙子，一堆沙子還會是一堆沙子。儘管這個規則看起來十分可信，然而其推論結果卻完全沒有說服力。所以，也許是事物的表象欺騙了我們。事實上有兩個不同的哲學觀點就是如此認為，並且拒絕了第二個前提。

「模糊性知識論」（Epistemischen Theorie der Vagheit：episteme 是古希臘文「知識」的意思；Epistemische Theorie 即「知識論」）的支持者主張，在一堆與不成一堆之間確實存在清楚的界線，只是我們無法認知而已。這就是問題所在，一堆沙子的邊界或許落在第一百八十二粒上，但是我們無法確知，只能猜測。界線是有的，只是我們不知道而已。就好像顏色的情況：極微小的色調差異是眼睛無法察覺的，當紅色被一滴一滴地摻入黃色，到了某個時候就會變成橘色，然而我們無法辨認出使紅色變成橘色的那一滴。沙堆問題也是同樣的類比。但是這個論點會不會有點匪夷所思？一個「堆」真的有清楚的界線，只是我們無從得知？那豈不是等於說，我們並不認識「堆」這個概念，不知道「堆」準確來說代表什麼？反之，主張「堆」這個概念沒有清楚的邊界，不是可信得多嗎？不然的話，我們全都成了能力不足的語言使用者，連自己用的語詞都弄不清楚了。

劃出清楚的界限

除了模糊性知識論之外，還有「模糊性的清晰度理論」（Schärfungstheorie der Vagheit）；其立場是，像「堆」這類的模糊概念，許多時候我們可以清楚地認定哪些是「堆」、哪些「不成為堆」，此外還有許多介於其間的臨界狀況。只有在可以清楚界定的情況下，才有命題為真或假的問題，牽涉到臨界狀況的命題，則既不為真也不為假。

讓我們假設，少於一百粒沙子清楚地不構成一堆，超過兩百粒沙子則清楚地構成一堆，在一百到兩百粒之間的沙子則落在臨界狀況裡。在這個灰色地帶中，你可以自己選擇要把界線劃在哪裡，無論怎麼劃你都不會錯。你若說「一百三十四粒沙子構成一堆」，則既不為真也不是假。命題只有在不管清晰程度為何的時候都為真，才是真的為真，不管你把界線放在灰色地帶裡的什麼地方都不影響。這也就是說，因為在灰色區域內我們能任意地擺放這條界線，只有在臨界狀況以外的命題才可以為真。現在讓我們假設，你把上限定在第一百三十四粒沙子，也就是在一百三十三粒沙子以下，就不算是一堆沙了。這時候，「如果一百三十四粒沙子構成一堆，那麼一百三十三粒沙子也構成一堆」這個句子就不為真了。於是第二個前提就得放棄了。一粒沙子還真的會造成改變！儘管不是因為在世界上真的有一條看不見的界線規定了沙堆，而是因為我們可以自己劃這條界線，如果我們願意的話。

不過模糊性的問題並沒有就此解決，因為：臨界範圍從哪裡開始？在邊界狀況與清晰狀況之間存在鮮明的界線嗎？有沒有臨界狀況中的臨界狀況？我們又該如何解決這個較高階的模糊問題？在這裡各家的說法又不同了，有些派別還舉棋不定。如果你以為，這不過是在鑽語言的牛角尖，那就請你穿暖一點，因為我們要進入森林了，要去尋找害羞的小松鼠。

小松鼠

請想像一下，你在森林裡散步，突然間一隻小松鼠從路上跑過，爬到你面前的樹幹上。不過小松鼠躲到樹幹後方去了。你小心地繞著樹幹走，但是小松鼠也一直往樹幹的背面躲去，樹幹一直介於你跟小松鼠之間。小松鼠也在繞樹幹，方向跟你相同，只是一直在樹幹的另一邊。

現在問題來了：當你繞完一圈之後，是否也繞了小松鼠一圈？

這個謎題是美國實用主義哲學家詹姆士（William James, 1842-1910）提出來的。實用主義是面貌豐富的哲學思潮，核心主張是：我們對世界的各種理論，首先應該要有效益；至於理論能否客觀地反映真實，我們永遠無法確知，但這也並不重要。

詹姆士用小松鼠論證想展示的是：哲學問題到底是怎麼回事，小松鼠和其他著名的哲學謎題非常類似；我們是否繞了小松鼠一圈，取決於我們如何理解「繞一圈」。如果我們說「繞一圈」，是我們繞著「不動的」對象走了一圈，並且看到該對象的每一面，那這個問題就要回答「沒有」；但是如果我們說「繞一圈」是說我們繞一個對象走了一圈，不論該對象是否轉向或站著不動，那就要回答「有」。

所以小松鼠實驗是純粹的語言問題，我們不清楚「繞某物走一圈」的說法是否適用在上述的狀況上；應該說情況十分清楚，但是概念並不清楚。詹姆士認為，哲學問題皆是如此，比如討論人類是否「自由」、我們是否能「知道」世上的某些事情，或者動物能不能「思考」。行為生物學能相當準確地告訴我們動物能做什麼、不能做什麼，然而這些能力是否算是「思考」？回答這種問題不需要對事實的知識，而是需要對概念的知識，這就是哲學管轄的範圍，至少是關係到「思考」、「自由」或「知識」等概念的時候。因此，哲學問題就是概念定義的問題，儘管不全是，但大部分都是（如果討論到我們該如何行為、或正義的國家該怎麼樣，那麼單靠概念分析就不能得到多少結果）。語言與含意在哲學裡幾乎總是扮演重大的角色，哲學問題的解決也總是從概念釐清開始。

現在，我們要從森林進到熱帶雨林。你喜歡陌生的文化嗎？那你就不該錯過下一個思想實驗；那一定會讓你感到新奇與著迷，德文俗語會說把你「從襪子裡打出來」，當然不是真的把你從襪子裡打出來，只是個比喻。不過，比喻的問題我們要留到這一章的最後再來談。

Gavagai

請想像一下，你是語言學家，正在亞馬遜河雨林進行田調旅行。孤獨地走了三天之後，你到了不知名的原始民部落，他們的語言是你亟欲了解與研究的。不過你不想打擾原住民，所以架設了攝影機跟指向性麥克風，從稍微遠一點的地方聆聽那些陌生的話語。你聽到像是 kabauk、teenogsaag、或者 lendron menai 這樣的聲音。完全聽不懂。接著出現了有趣的狀況：一隻兔子從旁跑過，有名原住民站起身來，用手指著兔子，發出 Gavagai 的聲音。你抽出筆記本，寫下「Gavagai 等於兔子」。不過你為什麼如此確定呢？

難道 Gavagai 不能是「我們的晚餐！」、「去打獵吧！」或「今天會下大雷雨」的意思嗎？

這個思想實驗來自美國哲學家奎因（Willard Van Orman Quine, 1908-2000），這個場景想要指出，每一種翻譯都是不確定的，外語總是同時有許多可能的翻法。奎因認為，語言學家永遠都無法確定 Gavagai 究竟是什麼意思。然而真是如此嗎？確實，「Gavagai 等於兔子」暫時只能是個假說，必須參照原住民其他的語言使用來加以確認。如果後來發現，原住民看到從旁爬過的蛇也會叫 Gavagai，那「Gavagai 等於兔子」的假設就不可信了，但如果 Gavagai 只在兔子跑過的時候才會使用，那其他本來也頗為可信的假說，比如「Gavagai 等於晚餐」，就可以剔除了。

這種觀察與研究，就像玩完全陌生的遊戲，而且遊戲規則必須靠自己發現。假設你從來沒下過西洋棋，現在第一次看別人下，你能靠觀察就把下棋的規則找出來嗎？那是不可能的，奎因認為。如果你能自己下，就會簡單許多，因為如果你走錯了，旁人會糾正你，你也可以做些帶有目的性的實驗，比如讓城堡走對角線，或讓國王跳過別的棋子。那樣的話，旁人就會指出這樣犯規。

如果能直接跟原住民溝通，會不會對 Gavagai 的翻譯有幫助呢？假設你能從藏身之地出來，手上抓著兔子走向原住民，用詢問的眼光看著他們，並且說：「Gavagai?」原住民乍看到陌生人時一定非常驚訝，但是讓我們先忽略這件事，假設原住民會平靜地留在原地，擺動手臂，並且說：「tok.」但是 tok 又是什麼意思？是「對」還是「不對」？手臂的擺動又該如何詮釋？是類似點頭還是搖頭？我們可以把 Gavagai 解釋為「兔子」、tok 解釋為「對」，但是也可以把 Gavagai 解釋為「去打獵！」、tok 解釋為「不」。兩者都有可能。

最後你必須決定要用哪一種假說，奎因建議，在存有懷疑的時候，要選擇盡可能善意的詮釋，不要把原住民當成傻瓜。所以你不應該把Gavagai翻譯成：「那裡有一隻老虎」，因為這個詮釋完全與事實不符，指著兔子說出Gavagai的原住民就變成非常弱智的觀察者。善意原則的意思是說：在詮釋的時候，最基本要預設對話者具有理性，思考與行為方式也與你相差不遠。不過說到底，你也沒有別的選擇。因為翻譯總是有各種不同的可能，對方說的那些話究竟指涉什麼，說到底也總是不確定的。這個問題並不只限於原始雨林，而是每個人在家裡就會遇到的，語言的誤解是日常生活的一部分，就算我們說的都是自己的母語。不過這一點後面會再談到，現在你可以舒服地躺進沙發裡，讓我們抬頭看一看星星。

啟明星與長庚星

請想像一下：黃昏時分，天色漸暗，夜空中有顆星星比其他星星更亮：那就是啟明星（Morgenstern），黃昏時天上最亮的星星。到了清晨時分，類似的景象再度出現：又有一顆星比其他星星更亮，那就是長庚星（Abendstern）。我們知道，啟明星與長庚星並非兩個不同的天體，完完全全是同一顆星，也就是金星。[22]所以，「啟明星」與「長庚星」這兩種說法都指涉金星。

然而，為什麼「啟明星就是長庚星」仍能傳遞訊息，「金星是金星」卻是廢話一句？

這個思想實驗出自德國的邏輯學家與哲學家弗雷格（Gottlob Frege, 1848-1925），他據此說明了很重要的事情：字詞所意謂的，並不完全就是所指涉的對象，因為雖然「啟明星」與「長庚星」這兩個字詞所指涉的都是金星，但是「啟明星就是長庚星」有所含意，「金星是金星」卻只是冗言贅語。因為前一句話的真實性需要經歷辛勞的發現過程才得以確立，而後一句話連對小孩來說都是顯而易見。所以這兩個句子的含意並不相同，就算都指涉了相同的對象。

所以，含意與指涉並不是同一回事，但是，那什麼叫「含意」呢？弗雷格使用「意義」（Sinn）這個詞，指「表述的方式」。這又是什麼意思？金星可以表述為長庚星或啟明星，端看你是在傍晚還是清晨觀察它。同樣地，柏林可以表述為「德國首都」、「德國最大的城市」，或「德國聯邦議會所在地」。這三種表述意思都不一樣，儘管所指涉的都是同一座城市柏林。

譯註22：德文的 Morgenstern 與 Abendstern 屬於日常用語，字面翻譯便是「晨星」與「暮星」，但是現代中文對清晨與黃昏皆甚為明亮的金星已經沒有對應的辭彙，來指稱觀看的時間是黃昏還是清晨，本文使用的啟明星與長庚星皆是中國古代的稱呼，出自《詩經．小雅》：「東有啟明，西有長庚」。

如果兩種表達方式指涉了同一個對象，那麼我們就能在句子中把一個表達換成另一個，同時不影響句子的真確性：如果「鮑伯・迪倫是有史以來最棒的歌手」為真，那麼「羅伯特・齊莫曼是有史以來最棒的歌手」也同樣為真，因為鮑伯・迪倫的本名就是羅伯特・齊莫曼。但是要注意：表達方式的代換也是會有一點後果的，假設你不知道鮑伯・迪倫實際上叫做羅伯特・齊莫曼，那麼儘管你可以說「我相信：鮑伯・迪倫是最棒的歌手」，卻不能說「我相信：羅伯特・齊莫曼是最棒的歌手」。

在弗雷格之前有許多人相信，字詞的含意不外乎就是我們對「該字詞所指涉的」對象的想像，依照這個看法，「樹」的含意也就是當我們說到或聽到「樹」的時候，浮現在腦海裡的樹的圖像。但如果是這樣的話，我們就會遇到問題：如果「樹」所代表的不過是我心裡主觀的想像，那你怎麼知道我用「樹」表達了什麼意思？我們怎能確定知道，當我們聽到「樹」的時候，我們想到的是同一回事？萬一彼此的想像不同，那麼我們會不會從頭到尾都只是在雞同鴨講？

這個含意的想像理論還會遭遇另一個困難：我們用「樹」指涉各式各

樣的樹木，高的矮的、粗的細的、針葉木或闊葉木及其他等等。但是我們對「樹」的一般性的想像是什麼模樣呢？是高還是矮？綠色或棕色？根本來說，這個一般想像應該要兩者同時皆是才對。或者更準確地說：應該要兩者都不是。因為我們用「樹」的時候，意指的是所有樹木都共同擁有的東西，既然每棵樹的顏色與高度都不一樣，所以我們對樹的一般性理念也不應該具備特定的顏色或高度。那麼，這個樹木的一般性理念該是什麼樣子呢？僅僅擁有所有樹木共通特性的樹，又會是什麼模樣？

或許我們走上了錯誤的軌道，字詞的意含根本不是什麼對象，既不是外在世界裡的客體，也不是我們心智裡的想像，這正是奧地利哲學家維根斯坦所提出的主張。他認為，「樹」的含意，是我們使用這個字詞的方式；不是客體，而是實踐。這說的是什麼意思，我們很快就會知道了。

家族的類似性

你知道什麼是「遊戲」嗎？當然你知道許多遊戲，「欲速則不達」[23]、網球、拼圖或捉迷藏等等。但是你知道這些遊戲的共同之處嗎？遊戲總該有個共同之處，不然我們就不會用共同的概念來指稱「遊戲」了。所以至

譯註23：「欲速則不達」（Eile mit Weile）是著名的瑞士傳統桌遊。

少得有一個特徵，是所有遊戲都有，而且只有遊戲才有的。

這個特徵該是什麼呢？所有遊戲都具有娛樂性嗎？都會有勝負嗎？一定有規則嗎？如果都是的話，那麼遊戲是唯一有娛樂性、有勝負而且依照規則進行的東西嗎？那開股份公司跟從事政治不也都符合嗎？那拉小提琴又怎麼說？權力遊戲呢？請試著找出只有遊戲才適用，而且適用於所有遊戲的特徵來。祝你好運！

這個一點也不輕鬆的思想任務是維根斯坦提出來的，只要一提到語言哲學，大家最常說的就是他。根據維根斯坦的理論，語言表達並不決定其含意，而是要由我們使用這個表達的方式來決定。「在語言裡，字詞的使用決定它的含意」，維根斯坦寫道。如果我們把先前稱為「方的」東西稱為「圓的」，把先前稱為「圓的」東西稱為「方的」，那我們就把「圓的」與「方的」的意思做了對調。如果我們用「我愛你」來表達憎恨，那麼「我愛你」的意思就變成「我恨你」。字詞和語句的意思，是通過使用方式來確定的；所以要想知道一個語言表達是什麼意思，就必須觀察我們如何使用那個表達，在什麼場合上，以及說完有什麼結果。這個理論也稱為「意義的使用理論」。

語言沒有規則手冊

維根斯坦喜歡把語言拿來跟遊戲做比較，例如西洋棋，棋盤上有幾種不同的棋子，要依照不同的規則來走：皇后可以走任何方向，主教只能走斜角，騎士只能用跳的，每一種棋子都是由所適用的規則決定的。至於主教是否稱為「主教」，則完全無關緊要，比如英文稱「主教（Bishop）」，德文卻稱「跑者（Läufer）」，棋子叫什麼、這些名稱指哪顆棋子並不重要，重要的是這顆棋子可以怎麼走，這就是這顆棋子的定義。就算是小卒變成皇后，棋子也沒有改變，改變的只是它在棋局裡的角色，然而角色會決定這顆棋子現在是什麼，根據維根斯坦的說法，語言中的字詞與語句也是如此。人們見面時可以說 Grüß Gott[24]，但是告別時卻不能說，就算是無神論論者也可以說 Grüß Gott，因為這句話傳達的不外乎就是「你好」或「哈囉」。「Grüß Gott」、「你好」跟「哈囉」三個詞表達使用的規則差不多是一樣的。

然而跟西洋棋不一樣的是，語言沒有規則手冊，語詞的運用也沒有精確的規範，要給日常用語比如「好」、「椅子」或者「軟」下定義，是非常困難的。許多語言表達都很模糊，容許臨界狀況，例如前面讓我們想破

譯註24：德語字面意思是「問候神」或「神問候你」，但一般用於見面時的問候，只是「你好」的意思。

腦袋的「一堆」與「禿頭」。此外，我們在不同的脈絡裡會用不同的方式使用語詞，例如「丟得很遠」取決於丟的是什麼，以及丟的人是誰，再者，許多字詞同時指稱彼此差異很大的對象，更不用說很多字詞本來就是多義的，比如德文的 Ball 可指足球與舞會，Bank 可以指板凳與銀行。就連「遊戲」（Spiel）也指稱非常不同的事物與活動：有棋盤遊戲、紙牌遊戲、球類比賽、格鬥競賽，以及權力遊戲等。維根斯坦認為，我們把這些活動都稱為「遊戲」，這個事實讓我們誤以為有某種共同的東西是所有這些活動都有、而且只有這些活動才有的。但實情並非如此，我們根本找不出可用的定義來界定「遊戲」。而且這不是特例：對於像「椅子」、「健康」、「愛」、「思想」或者「貧困」等概念，我們同樣找不到明確的定義。尋找事物的本質是毫無指望的，維根斯坦認為「遊戲」一詞根本沒有本質。

然而我們為什麼稱呼所有遊戲為「遊戲」呢？維根斯坦的回答是：因為這些東西彼此間有某種類似性，那些我們稱之為「遊戲」的活動，就像大家庭中的成員一樣，會或多或少地彼此相像，而且相同的地方不會全部一樣，有些有著類似的五官，有些只是鼻子相像，又有一些是嘴巴或性情很像，有些是走路的姿勢相同，又有些聲音簡直像到無法分辨。這種「家族的類似性」，如維根斯坦所說，不只存在於家庭成員之間，也出現在同一個字各別的用法之間，或者出現在同一個字可以指稱的各別對象之間。各種不同的遊戲就是以這種方式構成了一個大家庭，「遊戲」指稱的也就是一個由不同活動組成的大家庭，其成員在不同的面向與程度上彼此類似，但是沒有一個特質是所有遊戲所共有，而且只有遊戲才具有的。

蘇格拉底一直拿「正義是什麼？」或「美德是什麼？」這類問題來糾纏雅典人，想要藉此找出事物的本質；許多哲學家都依循蘇格拉底的傳統，並且以概念的澄清者與本質研究者自況，但是萬一哲學的基本概念就像「遊戲」這個詞一樣無法定義呢？

孿生地球

請想像一下，地球有一個雙胞胎兄弟，看起來跟我們的地球一模一樣，唯一的差別是，所有看起來是貓、行為也跟貓一樣的動物，事實上都是遠端遙控的機器貓。但是在孿生地球上的人並不知道這一點，因為他們還不曾解剖過這種動物。讓我們假設，對這些外觀上跟貓完全一致的東西，他們也稱之為「貓」。

那麼「貓」這個字在孿生地球上的意思，還跟在我們地球這裡一樣嗎？你會怎麼把他們的「貓」翻譯成我們的語言？孿生地球上的「貓」，是否跟我們的「貓」有相同的意含？

這個思想實驗出於美國哲學家普特南之手，他認為，「貓」在孿生地球上表達的跟在我們這裡並不一樣，這個觀點讓人非常意外。長期以來人們都認為，字詞的意含完全只由說話者、說話者的心智狀態與語言使用的實踐來決定，而不取決於世界上的事實。所以人們相信，分析字詞的時候，並不需要分析這些字詞所指稱的事物，當討論到字詞的含意問題時，人們認為，世界沒有插嘴的餘地。直到普特南一舉推翻了這個信念。

使用者決定語言規則

讓我們仔細看看這個論證，在孿生地球上的機器貓看起來跟真正的貓沒有兩樣，行為也完全相同，撫摸牠的時候，會喵喵叫，高興的時候，會在人的腳邊磨蹭，向人討食物吃。孿生地球上的人也稱牠們做「貓」，所以可以說，地球人與孿生地球人據以使用「貓」的特徵與現象是完全一樣的，使用方式也完全相同。但是地球人不會認為在孿生地球上的也是貓，因為貓是生物，不是機器。我們有生物學，知道是這麼回事。現在如果有人在孿生地球上說「這是一隻貓」，那我們不會把這句話一對一地翻譯成地球話，因為那樣就是錯的。孿生地球上並沒有貓，只有很像貓的機器貓，所以當孿生地球人說「貓」，意思跟我們說「貓」是不一樣的。儘管他接觸到機器貓時，所見、所聞與觸摸到的跟我們完全一樣。從主體的內部看出來，孿生地球跟我們的地球完全一樣，然而「貓」這個字卻意味著不同的東西，所以，字的含意並不存在於我們的腦袋裡。

如果字的含意存在人的腦袋裡的話，那榆樹跟山毛櫸，至少對普特南來說，就是同一種樹了。他的意思是，因為他無法區分這兩種樹，在他看來，這兩種樹一模一樣，然而在使用上，他用「山毛櫸」指稱山毛櫸，用「榆樹」指稱榆樹。然而他怎麼能夠恰當地用兩個字詞指稱兩個不同的東西，如果他自己實際上分不出差異，使用這兩個字的時候，聯結的想像也完全相同？答案在於：使用字詞的時候指涉什麼東西，不是各別的說話者自己決定的，而是由說話者所屬的語言社群來決定，在樹的例子裡，只要專家知道「榆樹」與「山毛櫸」各指什麼樹就夠了。專家決定這些字詞各指涉什麼東西，所以，語言裡同樣有規則手冊。

會咬人的狗

這個思想遊戲將考驗你的想像力！請為下列句子，依照指定的功能想像出適合的使用情境。

一、「這隻狗會咬人。」——作為警告或建議。

二、「這裡面相當熱。」——作為描述或要求。

三、「太棒了！」——作為快樂或失望的表示。

四、「我馬上得走了。」——作為確認或要求。

五、「他會來。」——作為預測或承諾。

六、「這是什麼髮型！」——作為高興或侮辱的表達。

七、「是。」——作為承認或允婚。

語言不只是為了描述世界，我們也能用語言採取行動，有些事情就是靠說話來完成的，像是：給出承諾、侮辱別人、要求別人、表達我們的遺憾，達成協議、提出邀請、道歉、諂媚、威脅、搭訕、結婚、傷害或者讓人感到幸福。數不清的行為都只要說話就能完成，英國哲學家奧斯丁（John Austin, 1790-1859）特別指出了語言也有實踐的面向；語言不只是用來說的，而且也用來行動；我們說的話，就是行動。

奧斯丁區分各種不同的說話行動，也就是那些當我們一說出來就完成的行動：表達含意的言說行動（Lokution）、產生行為的言說行動（Illokution），以及產生效應的言說行動（Perlokution）。

一、**表達含意**的言說行動就是我們所說的話，作為單純的描述：「這隻狗會咬人。」

二、**產生行為**的言說行動指的是我藉由說話所做的事：「這隻狗會咬人。」作為對別人的警告，或作為對猛犬愛好者所做的推薦。

三、**產生效應**的言說行動指的是所說的話給對方造成的效應與影響，比如讓對方害怕或著燃起發大財的期望。

產生行為的言說行動，奧斯丁認為是由社會習慣與既定規則決定的，當你在教堂裡，在正確的時機上說「我願意」，那你就結婚了，這種言說需要正確的框架與慣例，才能真的變成行動。所有**產生行為**的言說行動都是如此：在正確的時刻說出正確的話語，然後行為就完成了。誰要是說「這裡面相當熱」，並同時往窗外看，那他不是單純地論斷，而是表達了溫和的要求——希望打開窗戶。但若是把這句話從背景裡抽離，就不會產生要求的行為，所以是脈絡賦予了這句話溝通的角色。誰在什麼時候、在哪裡用什麼方式、說了什麼，通通都是重點。

有別於產生行為的說話行動，**產生效應**的說話行動不依賴社會習慣，而依據因果原則來進行。誰要是在正確的情境下說「小心！」，就完成了警告的行為。然而他是否就此讓聽者感到害怕、冷汗直流、感到不快或單純感到厭煩，就不是由習俗與慣例決定的，而是聽者心理狀態的問題。我們用語言產生許多效應，但是大多都跟語言規則無關；一句「我願意」不只改變民法上的婚姻狀態，也可以讓對方的人生從此改變。

理解的迴圈

請想像一下，你正在讀書，一個字一個字地讀，一句一句地讀，就像你現在這樣。然而突然間出現了一個你不認識的字。你梱摅了，但還是繼續讀。從上下文你明白了那個字是什麼意思。然而兩個句子後，又出現了第二個古怪的字。你不以為意，挈了一點精神。但是怪字愈來愈多。你漸漸瞉傛，一點都不想繼續厥犢這篇文章了。你不再相信你的鄙箵，而是走到廚房，從栟箧裡給自己倒了一罐饐飫。喝一小口之後，你覺得豫綏多了，就繼續讀文章。

漸漸那些奇怪的字消失了，你感到放心，然而你也很訝異——為什麼雖然有一堆怪字，那篇文章的大意你還是都讀懂了。

如果你喜歡學外文，這個現象你一定很熟悉：我們能從脈絡中看出字的意思，部分文字的意思，放在整個背景裡就很清楚。假設你買了新的小說，打開書中的一頁，讀到下面這段文字：「她驚慌失措地看著他，點了點頭，就離開房間。離開時她讓門留下一道隙縫沒有關上。」你雖然每個字都看得懂，卻看不懂這一幕是演哪齣。你不知道女人為什麼驚慌失措，為什麼她點頭、離開房間，還順手讓門留一個縫。這一幕什麼也沒說清楚，但是如果你讀過這本小說，這一幕你讀起來將完全不同，因為裡面一定滿載著訊息。所以我們是以整體為背景來理解其中的部分，不過我們如何理解整體呢？我們不是應該需要先理解各個部分，才能從其中組合出整體嗎？

部分與整體的迴圈

研究這種理解問題的哲學是詮釋學（Hermeneutik），其字根是「赫爾墨斯（Hermes）」，希臘神話裡眾神的信差、中介人跟傳訊者；詮釋學的名字，作為理解的藝術，就是源自於赫爾墨斯。詮釋學研究「理解」究竟是怎麼一回事，以及我們對文本、人，以及藝術品的理解究竟是怎麼進行的。

詮釋學家發現了兩個理解的迴圈，第一個我們剛剛已經看到了：部分與整體的迴圈。意思是說，我們只能透過整體來了解部分，同時又只能透過部分來了解整體。那我們是如何能了解萬事萬物的呢？答案是：我們並不是要麼完全理解、要麼完全不理解，而是一點一點地、愈來愈理解。以上面小說的例子來說，我們對小說中間的這一幕並非完全不理解，確實一字一句都看懂了，也看到發生了什麼事，只是如果我們從頭讀起、一直讀到這一幕的話，我們就會有更多的了解，如果我們把小說讀兩遍，也會有更多的體會。理解之光會逐漸照亮小說的整體。德國哲學家與詮釋學家伽達默爾（Hans-Georg Gadamer, 1900-2002）寫道：「理解的過程總是從整體通往部分，然後又從部分回到整體。」

個人期待的迴圈

伽達默爾也指出另外一個迴圈：當我們閱讀文本時，總是帶著特定的期待，也對文本的內容有個大概的想像。此外我們的興趣與個人經驗也發揮著篩選器的功能：不同的人會依照他的偏好與背景知識對同一個文本做出不同的理解。那迴圈在哪裡呢？我們對文本的期待，即詮釋學所說的「預先的藍圖」（Vorentwurf），會在閱讀的行進中不斷地修訂與調整，就像模型不斷被修改成符合現實的模樣。問題在於，我們對文本的期待已經對文本投射了一道特定的光。我們會依照這個期待對文本做特定的詮釋。對這個現象，利希騰伯格（Georg Christoph Lichtenberg, 1742-1799）有一個形容十分貼切：「一本書就是一面鏡子。如果一隻猴子往裡面看，自然看不出裡面的聖徒。」也就是說，對所有的文本，都不存在沒有預設、完全中立的閱讀，並沒有所謂純粹的事實，一切都在特定的詮釋下出現。所以，我們帶著對意義的期待所遇到的並非純粹的文本，而是個人對文本特定的詮釋，而這個詮釋又要取決於個人對意義的期待，這就構成了一個迴圈。

我們不只在閱讀文本時會遇到詮釋學迴圈，而是在所有形式的理解上都會：聽音樂、與陌生人接觸，或觀看藝術時。如果你到外國旅行，想要了解異國文化，在試著理解的時候也會先以個人事先的認定為基礎；你會尋找與自己文化的類似之處，也會不斷地做出比較。所謂了解他者，其實是在他者中看到自己，同時也在自己身上看到他者。為此我們必須拓寬思考的視野，以使自己、與他者的視野互相交融。

沉默的意義

請想像一下，你開著汽車，突然發現車子幾乎沒油了。由於你對當地不熟，就向路邊一位當地人問附近哪裡有加油站。他說：「前面路口就有加油站。」你於是往前開，在路口看到破敗不堪的加油站，顯然已經停止營業很多年了。你被這位路人陷害了嗎？可是你問的確實是加油站，而這也真的是加油站，只不過已經荒廢了。

那麼是你自己犯錯了嗎？你原本應該問哪裡有功能完整而且營業中的加油站才對？

這個例子來自二十世紀的英國語言哲學家葛萊斯（Paul Grice, 1913-1988），他最出名的就是提出了「言下之意」（Implikatur）理論；言下之意是指我們在談話中雖然沒有明說，但是卻能讓對方明白的東西。葛萊斯認為對話中有著我們普遍來說都會遵守的基本規則。最上面的是合作原則：「對話有既有的目的與方向，其要求，對話參與者應在每一次貢獻中予以滿足。」從這個基本原則裡可以導出幾條對話規則。葛萊斯列出下列幾項：

- 參與談話時，資訊量應該不少於也不超過必須的程度。
- 不要說你認為是錯誤的或者缺乏適當理由支持的話。
- 說相關的話，不相關的就別提。
- 表達要清楚，避免模稜兩可，敘事時順序不要跳躍。

在對話中，我們都假設談話對象遵守這些規則，現在讓我們看看加油站的例子，當路人說「前面就有個加油站」時，你基本上會假設他沒有騙人，也沒有隱藏關鍵的事實。那個加油站早已停止營業，這件事實是路人應該要提到的，畢竟你問路就是想要加油。所以當他沒有多提到這一點，你就有理由以為那個加油站還在正常營業。他對這一點的沉默，讓你理解那個加油站是可以加油的。假設路人知道加油站已經荒廢了，那他就犯了錯誤，違反了對話基本規則，因為他的表達沒有提供必須的資訊量。

言下之意跟隱含之意（Implikation）又有所不同，隱含之意可以從已說的話中以邏輯推論出來。「我戒煙了」這句話隱含了我先前是抽煙的，沒有抽煙的人，自然也不能戒煙，所以「我戒煙了，但是我從未抽煙」這樣的表達無疑是自相矛盾。言下之意則不是這樣，「前面就有個加油站」雖然言下之意是加油站在營業中，然而「前面就有個加油站，但是已經停止營業了」卻既沒有自相矛盾，語言上也沒有特別的錯誤，儘管這句話在特定情況下可能不太恰當或有點多餘。但是句意並沒有矛盾，跟「我戒煙了，但是我從來沒抽過煙」不一樣。

葛萊斯的理論可以解釋許多東西，包括反諷與轉喻。讓我們先觀察反諷：假設朋友背棄了你，於是你對他說：「你真是我的好朋友。」從說話的脈絡中我們知道，你表達的不可能是字面上的意思，因為你沒有理由在這種狀況下讚美這位朋友。顯然你有意地違反了對話的規範，即：「不要說你覺得是錯誤的話。」你透過「你真是我的好朋友」這句話所傳達的，是相反的狀況。而你說這話的方式也同樣顯露出這一點，因為真正的讚美不該這樣說的。

葛萊斯也解釋了我們如何理解轉喻，假設我對你說：「你是狐狸。」當然我不是真的在說你是狐狸，這裡也明顯地違反了「清楚表達，說你相信的話」這條規則。我所說的，不可能是字面的意思，如果是的話，我大概是瘋了或者看到幻覺。也許我想說的是反話，像反諷那樣？也許我想說的是，你不是狐狸？這話雖然有可能，但是非常莫名其妙，因為人人都知道人類跟狐狸是兩回事。那到底傳達了什麼意思呢？顯而易見的是，我在這裡做了一個比喻：我拿你比做狐狸，意思是，你跟狐狸一樣地奸詐狡猾。羅馬時代的修辭大師坤體良（Quintilian, 35-100）說轉喻就是比喻的節縮版，「像」那個字被省掉了；「你就像狐狸」是比喻，「你是狐狸」就成了轉喻。然而比喻跟轉喻兩者，在理想情況下，都是把事物放到另外一種燈光下看，兩者都對我們展示了新的視角，並讓我們注意到該事物的特定面向。一個成功的轉喻能讓我們發現新的東西，當莎士比亞寫道「世界是一座舞臺」，等於把全世界置於新的燈光之下，讓我們注意到人生無處不是表演；語言的用法能在片刻間讓整個世界改變，這就是語言的力量。

空間與時間

埃利亞的齊諾／空間與時間可以無限分割

康德／我們永遠無法擺脫時間

奧古斯丁／時間存在於我們的思想與想像內

他頂著顛倒的馬蓋仙髮型，馬蓋仙是前短後長，他則是前長後短，前額束起鬈曲的頭髮，後腦卻剃個精光，不只如此，他的背上與後腳跟上都長了翅膀。真是個古怪的造型，他像黃鼠狼一樣靈巧，又像鰻魚那樣滑溜。古希臘人稱他為凱洛斯（Kairos），意指「正確的好時機」：要抓住他那束頭髮並不是容易的事，要是沒注意他來了，就只能抓到光禿的後腦杓，並就此錯過了他——錯過了正確的好時機。

跟凱洛斯相反，古希臘人所說的克羅諾斯（Chronos），也就是時間，總是慢慢走著，是不斷流逝的河流，帶走一切，囓咬所有事物，但是也治癒所有傷口。克羅諾斯的形象常常是名老人，手上拿著沙漏與鐮刀，更準確說是長柄大鐮刀，能給生命驟然地劃下句點。

時間是寶貴的資財，是幸福的原料，總是在消逝當中，一下子緊急一下子舒緩，有時幾乎靜止，彷彿無止境地延長。時間包圍著我們，在任何時刻與任何地方，我們按表操課，生活幾乎離不開時間，並且一年又一年、一秒接一秒地量著時間。然而我們不知道時間究竟是什麼。古典時代晚期的哲學家奧古斯丁問：「所以時間是什麼？沒人問的時候我知道，但是當我得向人解釋的時候，我又不知道了。」時間是不起眼的謎團，不只在哲學裡，對物理學也一樣。例如有人問：時間有開始跟結束嗎？其中沒有時間流逝的世界會是什麼光景？時間在所有地方流逝都一樣快嗎？時空旅行有可能嗎？時間可以脫離空間嗎？那什麼又是空間？空間有邊界嗎？空間可以扭曲嗎？空間由極小的部分構成嗎？空間可以無限地分割下去嗎？最後：空間可以完全是空的嗎？

十七世紀著名的物理學家牛頓（Isaac Newton, 1643-1727）認為，時間在任何時間、地點都是相同、恆定且普遍的。空間也是如此：空間是裝下一切事物的普遍容器，不可變、永恆，在任何地方都沒有差別。這些認定在二十世紀時被愛因斯坦（Albert Einstein, 1879-1955）顛覆了。愛因斯坦認為，空間可以彎曲，就像一塊三度空間的橡膠布，而且時間的速度並非在任何地方都相同，會隨著你所在的位置與運動的速度而改變；空間與時間根本無法分開，實際上存在的只是一個東西，即所謂的「時空」，有四個向度、三個空間性的與一個時間性的。

哲學自古就探討空間與時間的問題，這並不令人訝異，因為從前自然科學，也就是物理學是包含在哲學之內的，哲學是所有科學之母。今天的情況雖然有所不同，然而談到空間與時間問題時，哲學仍然可以提供協助；哲學可以嘗試釐清這兩個物理學的基本概念，也將之與我們日常生活中關於空間與時間的概念聯結起來，還可以把我們對空間與時間的體驗，從內心世界的角度儘可能精準地加以描述，並藉此使之更容易理解。

現在時間到！讓我們開始討論，賽跑即將開始。阿基里斯跟烏龜，你賭誰跑得快？

阿基里斯與烏龜

烏龜居然膽敢跟跑得像箭一樣快的希臘勇士阿基里斯挑戰賽跑，阿基里斯毫不懷疑自己能獲勝，笑著讓烏龜先跑一百公尺。他能追上烏龜嗎？「那當然！」，你這麼想。「不可能！」但是烏龜這麼認為。烏龜雖然跑得比阿基里斯慢一百倍，但是這並不重要，因為在阿基里斯追趕那一百公尺的時間裡，烏龜能往前爬一公尺。也就是說，當阿基里斯跑到烏龜的起跑點時，烏龜已經在他前面一公尺，在他追趕這落後的一公尺的時間裡，烏龜也能往前爬一點點，即一公分，兩者的距離雖然從一百公尺縮小為一公分，但是領先就是領先。而且這個領先不會消失，這一點烏龜非常肯定，每次只要阿基里斯追趕到烏龜所在的位置，烏龜都又已經領先一點點，不管那領先有多微小。阿基里斯一定得先到達領先的烏龜所在的位置，這需要時間，但是在這段時間裡，烏龜總是又往前了。兩者的差距跟趕上差距所需的時間雖然愈來愈小，但是永遠不可能為零。

所以阿基里斯必須跑過無限多個無限小的落差，這需要無限多的時間，阿基里斯永遠辦不到，所以烏龜會贏得賽跑。

這個著名的賽跑悖論出自古希臘哲學家埃利亞的齊諾（Zenon von Elea, 490-430 BC），齊諾是西元前五世紀的人，提出了好幾個悖論。事實上「悖論（Paradoxie）」一詞也是來自古希臘，意思是「違反（para）一般信念（doxa）」的東西，哲學上所說的悖論則比較狹義，指的是特定的論證：看起來前提與推論都正確，但是卻會得出明顯錯誤的結論。齊諾大多數的悖論都建立在「空間與時間可以無限分割」的前提上，如果一個對象可以分割成無限多個部分，那麼人們就稱其為「連續體」（Kontinuum）。所以齊諾認為時間跟空間一樣都是連續體，由可以無限分割下去的部分組成。我們先說到這裡。

現在讓我們觀察賽跑悖論，齊諾宣稱，阿基里斯永遠追不上烏龜，他的論證方式是：在阿基里斯追到烏龜起跑點所需的時間裡，烏龜已經又往前一點了。起初的差距雖然愈變愈小，但是永遠不會為零，因為空間跟時間都可以無限分割，阿基里斯必須在有限的時間裡，穿過無限多個空間分割，然而無限多個任務，不可能在有限的時間內完成，所以烏龜將贏得賽跑。這是齊諾的論證，他的錯誤在哪裡？

沒有盡頭就無可存在

亞里斯多德認為，齊諾在論證的最後耍了花招，就是他宣稱，阿基里斯只有有限的時間可用，但是在有限的時間裡，不可能跑過無限多個空間分割。某種角度來說，亞里斯多德認為，阿基里斯也有無限多的時間，意即，阿基里斯有無限多個無限小的時間分割可用，以便跑過無限多個無限小的空間分割。時間作為連續體，也可無限分割，就像空間一樣。齊諾用無限可分割的性質偷渡了無限延伸的概念：阿基里斯雖然沒有無限長的時間，但是有無限多的時間分割可用。所以，亞里斯多德說，阿基里斯可以趕上烏龜，因為他能用無限多無限小的時間分割，跑過無限多無限小的空間分割，因為時間就跟空間一樣也是連續體。

從數學的觀點，這個任務也只能算是給小孩玩的遊戲，我們可以簡單算出阿基里斯什麼時候能趕上烏龜，只要十秒多一些就夠了。不過值得注意的是，就算是數學家也不能說出精確的時間點，因為這段時間在小數點以下有無限多位，我們也說不準阿基里斯趕上烏龜前那最後一點的位置，因為在這一點與阿基里斯追上烏龜的那一點之間，還有無限多個點。我們同樣說不出在1之後的下一個實數是多少，也就是介於1與2之間的最小實數是多少，不是1.01，也不是1.00001，而是1.000 000 000 000 000 000 000 000……然後不知何時，會出現一個1，作為最後一位，你其實找不到這最後一位，因為那是小數點以下無限多位。

無限延展的概念超過了我們理解能力的界線，可以無限分割其實也是，當我們看向無垠的宇宙，並且問自己，這宇宙是不是在哪兒有個盡頭，還是永遠如此向外延伸。令人意外的是，不管宇宙在空間上是有限還是無限，這兩種情況對我們來說都很難想像。因為有限的整體必定是位在某處，必定是一個更大整體的一部分。難道不是嗎？此外，每道邊界必定是隔開了別的東西，而不是把一個「什麼都沒有」隔開，絕對的、完全沒有「以外」的邊界，難道不是個荒謬的存在嗎？然而，如果宇宙不是有限的，那另一個選擇卻是：宇宙是無限的全體，這難道不也是同樣荒謬且難以想像嗎？我們還能說「**沒有**盡頭的宇宙」是空間的延展嗎？無限大的東西如何存在？完全沒有邊界的某物，就其根本來說還能是個某物嗎？

時間能靜止多久？

你能想像沒有時間的世界嗎？如果你認為這太容易了，那你一定有地方搞錯了。你要想像的是沒有時間流逝的世界，而不是一切靜止不動、沒有變化的世界。因為靜止的世界仍舊是在時間裡的世界：事物要能靜止不動，是以時間為基礎的，每段靜止都有持續多久的問題，所以都需要在時間中才有可能。

所以我們應該要問：沒有時間的世界看起來是什麼模樣？既沒有變動也沒有靜止的世界？

德國哲學家康德確認過，有些東西是我們無論怎麼想都無法擺脫的：時間就是這樣，此外顏色也是。你能想像出沒有顏色的物體嗎？也就是既非紅色、綠色、黑色、白色，卻也不是其他顏色，這是不可能的。空間的擴延也是這種我們抽離其中的想像，還是你能想像有物體是完全沒有空間擴延的？事物與性質也是這樣，你能想像有哪個事物是沒有性質的？或者想像哪個性質不屬於任何事物，而是脫離在事物之外、獨立存在的？除了時間、空間、顏色、事物與性質之外，因果事件也是如此：請試著想像事件在沒有任何原因的情況下發生。比如玻璃窗就這麼破了，既沒有被石頭打到，也不是因為內部的張力。就這樣，什麼原因都沒有。那是無法想像的。

我們的想像力與理解力有一定的規則與界線，就好像我們帶著藍色鏡片的眼鏡，看出去一切都只能是藍色，這是一副我們永遠脫不下來的眼鏡。理解力戴的這副眼鏡型塑了我們思考的一切。康德認為這副眼鏡使用了時間與空間的結構，也就是時間上的先後與空間上的前後關係，來給一切釐出秩序。此外這副眼鏡還把我們的印象與想像整理成帶有性質的事物，以及聯結原因的事件。我們的思考賦予了所認知世界的基本結構，康德認為，時間就是這個基本結構之一。時間是「直觀形式」（Anschauungsform），是我們無法將之抽離的，因此我們想像不出沒有時間的世界，有時候我們會希望時間停止，但是根本說來，我們希望停下來的並不是時間，而是運動與變動。我們說：「時間在這短暫的片刻裡靜止了。」但是時間要怎麼在片刻裡靜止？這跟說「在這一秒鐘時間暫停了」一樣，完全是自相矛盾——只有在時間流動時，才有一秒鐘的消逝，時間若是停止，就連一秒鐘也沒有了。

有物理學家宣稱，時間是跟宇宙大爆炸一起誕生的，如果此說成立，那時間大概有一百三十八億歲了。也有神學家認為時間不是永恆的，而是由上帝所創造，在那之前沒有時間。但是這是什麼意思呢？如果在時間存在「之前」沒有時間，那麼在那之前時間必須已經存在，不然的話，應該連「之前」都不可能。而且，如果在時間存在之前沒有時間，那時間就是永恆的了，因為找不到任何一個時點是時間尚未存在的，也就是說，時間在任何時點上都存在，時間也就是永恆的，儘管時間是在某個時點上生成的。這一切都十分詭辯，我們的思考能力在這裡顯然撞到了界限。不過儘管如此，物理學家還是主張事實就是這樣，他們已經算好了，時間是在一百三十八億年前誕生的。這個世界一點都不在乎我們的理解能力，它是什麼模樣，就是什麼模樣，不管我們能不能理解。或許如此。但是如果我們無法理解一個理論說了什麼，那麼即便它為真，對我們又有什麼幫助呢？

一些神學家用幽默的態度來面對這個問題。有人問，上帝在創造世界跟時間之前在做什麼呢，奧古斯丁回答：「上帝在準備地獄的刑罰，好處理那些提出這類放肆問題的人。」他正式的回答是：沒有「之前」的問題，上帝存在於時間之外，在非時間性的永恆裡，沒有變化，永遠相同。不過，上帝怎麼能創造我們這個處於時間中的世界，還伸手介入？這跟時間的開端問題一樣的費解。或者說，不比時空旅行更好懂。

祖父謀殺悖論

假設你能回到過去，找到你的祖父，而且是在他遇到你的祖母之前，也就是說，在他生下你的父親之前，以及父親生下你之前。請問：你能殺死你的祖父嗎？這不是問你願不願意，或者倫理上的責任問題，而是非常單純地問，這到底可不可能。因為如果你殺了你的祖父，就會導致你從未出生，也就不可能回到從前去殺他。

所以問題是：如果你返回從前，站在你的祖父面前，手裡拿著槍，那會發生什麼事？會有一個邏輯使你不可能扣下扳機嗎？還是一旦你開了槍，就不只消滅了祖父，連自己也同時殺了？

自從電影《回到未來》（Back to the Future, 1985）問世，討論時間的哲學就幾乎沒辦法不想到時空旅行，而且有些物理學家，例如馬雷特

（Ronald Mallett, 1945-），認為時空旅行在原則上是可能的。這麼說來，為時光旅行的哲學問題花點時間思考也是值得的，誰知道呢，也許幾十年後，聖誕假期不只可以去馬爾地夫，而是去中世紀了。

但是時空旅行真的可以不帶謬誤而想像的嗎？至少「祖父謀殺悖論」顯示不行：如果你能返回過去，你就能見到年輕時代的祖父，就能殺掉他，使得你的父親跟你自己都不曾出生。但如果你不曾出生，那你也不可能從現在搭乘時光機返回過去，更不可能殺掉你的祖父。同樣的理路適用於殺掉過去的父親跟殺掉過去的自己：這三項行動都是不可能的，因為你將消滅的一項重大的事實，也是你這趟時空旅行之所以可能的前提：你將使自己不可能踏入時光機。

時空旅行無法改變過去

就算時空旅行是可行的，你也不可能回到過去阻止自己的出生，但是你能造成其他改變嗎？比如說，你能回到兩天之前，在桌上留張字條給自己嗎？字條上寫著「Google 的股票將在次日大幅上漲。買個十張吧！」能的話就太好了。但是，如果在過去的你讀到字條，也遵照了字條上的建議，那你在兩天後就一定不會踏入時光機，去給兩天前的自己送字條，以便告知 Google 股票將會上漲了。因為你已經買了嘛。所以再一次地，你回到過去做了某件事，也因此阻止了你在現在踏進時光機並回到過去，不管怎麼說，你就是真的已經做了這件事。

現在也許你會想：可是我至少可以回到過去，做一點極小的、沒有任何後果的改變。可惜這也是不可能的。讓我們假設，你回到兩天之前，把一枝鉛筆的筆尖折斷。那枝筆雖然躺在你的桌上，但是平常你是既不看也不用的，鉛筆就只是躺在那裡而已。所以，假設你回到過去，偷偷地闖入你自己的住處，把那枝鉛筆的筆尖折斷了。那在現在的這枝鉛筆會發生什麼事？筆尖也會自己斷掉嗎？像有幽靈伸手來折一樣？大概不會吧。因為鉛筆尖不可以現在才斷掉，而是必須兩天前就斷了，因為你可是回到了兩天之前，在那個時候把鉛筆尖給折了。

所以這個世界不可以突然之間變成別的模樣，而是必須早就變成別的樣子了。然而這是不可能的，因為昨天筆尖還是好的，正因為如此，你才能回到過去把它給折了。所以看起來，就算回到過去，也是連一根頭髮都不能折彎的，因為如果折了的話，那根頭髮從那時起就是彎的了，然而情況並非如此。

假如你回到過去就只是看看，什麼都不改變，這樣可行嗎？你能變成隱形人，回到十年以前，看自己每天都在做什麼嗎？這次的答案又是：不行。因為你到了過去之後，你這個人就有兩個了。但這是不可能的，你只能有一個。這不是針對你，而是適用於一切事物上，就連鉛筆也只能存在一次。雖然許多完全相同的鉛筆可以同時存在，然而這一枝並不等於另外一枝，那只是同一款式有兩枝筆。然而不可能有兩個東西存在，而這兩個東西又是同一個東西。這是不可能的，唯一剩下的問題是：那你能不能回到你還不存在的過去裡，而且你不造成任何改變？比如以隱形的方式在古羅馬待一小時？問題在於，那你必須在出生之前就已經在古羅馬了。所以你為什麼還需要踏進時光機呢？你當時就在古羅馬了呀！

俄國物理學家諾維科夫（Igor Novikov, 1935-）認為，時空旅行是可能的，不過物理法則會使得時空旅行者無法造成改變，如果這種改變會導致矛盾的話。小小的改變比如折斷鉛筆尖，諾維科夫認為是可能的，較大的災難，比如鐵達尼號的沉沒，則無法使之沒有發生。畢竟那樣的話，就沒有必要進行時空旅行去讓這件事不曾發生了，但是我們上面已經說明，諾維科夫弄錯了，回到過去哪怕是折彎一根頭髮都是不可能的。

平行時空可以改變未來

一些物理學家與哲學家相信，平行宇宙的假設，使得返回過去的時空旅行，或甚至殺死祖父都成為可能。因為你所返回的世界，嚴格說來是另外一個世界，不是你所來自的那個世界。光是你的在場就使之不同了。所以你返回的，不是你所在世界的過去，而是到了另外一個，即便跟你原來的世界非常相像的世界去，也就是一個「平行世界」。比如我們可以認定，你所返回的世界是另外一個、在時間軸上還沒有像我們的世界走這麼遠的世界。若你想跳進一九一四年，那你就跳入一個才剛剛來到一九一四年的平行宇宙，這個宇宙還沒有未來，所以你還可以依照你的意願造成改變。但是你也能殺死你的祖父嗎？乍看之下這似乎是可能的。你殺掉他，你也不會死，因為嚴格來說你並非他的孫子，畢竟你是進入了另外一個向度，跟你當前生活的那個向度沒有任何關係。可是，那麼你殺死的那位先生也就不是你的祖父，而是一個外觀上跟你祖父年輕時完全相同的雙胞胎，所以你還是不能殺死你的祖父。真討厭！

所以看起來，時空旅行回到從前，會構成非常嚴酷的邏輯挑戰。所以如果有一天你踏入時光機器，口袋裡一定要放一本邏輯手冊。你找不到更好的時空旅遊指南了。

那時空旅行到未來又將如何呢？物理學認為，沒有比這個更簡單的了。根據愛因斯坦的廣義相對論，前往未來的時空旅行不但可能，而且甚至已經發生過。這需要一點解釋，愛因斯坦認為當我們移動速度較快時，或者當我們位於重力中心附近時，時間的行進也會比較快。聽起來難以置信，但是如果你讓原子鐘進行高速運動，它真的會走得比較慢，有人用兩個原子鐘做過實驗：一個放在飛機上繞地球一周，另一個放在原地地表上。飛機回來之後，地表上的鐘顯示的時間比飛機的鐘更晚一些。所以這個繞地球一周的鐘，不只做了空間的旅行，也做了一場時間旅行，也就是跳進了未來，即便距離還不是很遠。

如果一個人能以接近光速的速度移動，他的時間跟地表上的時間比起來，就會變得極端緩慢。他若行進一分鐘，在同一時間裡，地球上會經過好幾年。所以當他回來時，會看到朋友們老了好幾歲。這種現象被稱為時間膨脹，也就是說時間拖長了。一分鐘長的時間突然需要十年才走完，進行時空旅行也是靠這個機制。你踏進時光機器，等一分鐘，走出來，一看，幾百年已經過去了。所以前往未來的時空旅行至少理論上不是問題。

有些人願意讓人把他們的身體冰凍起來，期望未來有人能讓他們重新活起來。如果成功的話，那麼這些「冷凍人」（Kryoniker：來自古希臘文的「冰霜〔kryon〕」）就完成了類似時空旅行的事。若是可能，他們將在兩百年後從冰凍中醒來，完全感覺不到時間的流逝，他們的身體將一點也沒變老。

不過往未來的時空旅行還有更簡單的辦法，你一定經驗過，當你無聊的時候，時間過得特別慢。相反地，當你做的事很有趣、完全沉浸到活動裡的時候，時間過得特別快。你感覺過了沒有多久，但是結束時，你突然發現已經過了好幾個小時。你這樣也算是做了一個小小的、往未來的時空旅行。此外你還擁有更多對過去的記憶，因為強烈的體驗，比起無聊的生活片段，在事後會讓我們感覺更長久也更豐富。所以你可以把生活過得充實一些，如此就不必漫長地等待未來，而且還擁有更多值得回憶的過去！

如果沒有今天，明天就沒有昨天

過去就是現在的未來，有人巧妙地這麼說。時間流逝，因為未來的變成現在，現在的又變成過去，所以時間是由未來、現在與過去構成的。

然而這就產生一個問題：未來還不存在，過去又已不存在，而現在是介於未來與過去之間的、沒有擴延可言的界線。所以既沒有未來、過去，也沒有現在，又既然時間由這三者組成，所以時間也不存在。

這個毫無修飾的論證來自基督教哲學家奧古斯丁，我們前面已經認識過他，他在西元四百年左右撰寫了著名的《懺悔錄》（*Bekenntnisse*, 398），以自述其跟上帝的對話為形式，內容接近自傳、靈魂自剖，以及哲學論說的混合體。在這部作品接近結尾之處，奧古斯丁談到了時間，提出了上述這個著名的悖論來。

按照奧古斯丁的說法，時間是由三個部分組成的：未來、現在與過去。然而三個當中沒有一個是真實存在的，因為未來還不存在，過去已經過去，現在不但沒有擴延，而且無論我們怎麼嘗試都無法掌握，所以時間也不存在。但是這個結論豈不荒謬？我們確實在一天又一天、一秒又一秒的時間裡，看著身邊的事物產生變化，我們也把時間中的過程互相比較，比如當我們說：「搭火車比開車多花兩倍時間。」不過奧古斯丁問，我們怎麼能夠測量時間，既然時間不存在？沒有擴延的東西要如何量其長度？

究竟說來，時間該怎麼量？

亞里斯多德認為，我們用運動測量時間，準確地說，是用恆常與穩定的運動來測量。在亞里斯多德的時代，人們用星體的運轉來度量時間。今天我們依據原子鐘裡基本粒子穩定的振盪過程來給時間設立基準，比星體的運行還更精準。然而我們怎麼知道這個運動是恆定的，不會變快也不會變慢？為此我們需要另一個恆定的運動來當準繩，也就是說，我們用運動測量另一個運動。然而如果世界上所有的過程都以相同程度變快，包括我們的思考速度，該怎麼辦呢？我們察覺得到這種加速嗎？這豈不是所有存在的物體都以恆定的速度變大？對這種擴張我們能有絲毫知覺嗎？

前面已經看到，從物理的觀點來說，時間可以變得較快與較慢。不過真的是如此嗎？那變快與變慢的，真的是時間嗎？不會是各種運動嗎？事實是，原子鐘在運動中速度會變慢。不過這就證明時間變慢了嗎？還是只是顯示了事物運動的速度變慢了？也就是說，只是原子的振盪速度變慢了？為什麼時間的速度應該與基本粒子的振盪頻率等同？這不是跟我們稱之為「時間」的東西相衝突嗎？所以物理學家使用「時間」這個字的時候，說的真的是時間嗎？一大堆困難的問題。而我們的時間不多了，所以讓我們再回到哲學。因為奧古斯丁準備了另外一個解答。

時間存於心智之中

奧古斯丁解救時間的辦法，是把時間放入我們的心裡，未來的、現在的與過去的，奧古斯丁認為，都存在於我們的思想與想像裡。我們記得過去的事，期待未來的事，也體驗現在的事。我們的心智能回頭伸入過去，預先伸進未來，因為它把過去的與未來的都呈現在眼前。同時我們的心智也賦予現在一個擴延。記憶把現在抓牢好一會兒，同時新的感官印象大量湧向我們，而且我們也想著接下來我們還有哪些事。

奧古斯丁用音樂的例子來闡釋他的主觀時間理論：當我們聆聽旋律時，我們聽的不是各別的音符，而是我們把已經過去的音符留在腦海裡，也預先掌握了接下來的音符。在我們內心的耳朵之前，以一種奇怪的方式，我們能掌握完整的、從頭到尾的旋律。也就是說，現在是有個長度的，然而這只存在於我們的心智裡。奧古斯丁是西方哲學史上，首位提出主觀時間理解的人。依照這個看法，時間是被經驗的時間，沒有心智、沒有靈魂的話，時間就不存在。在心智之外沒有現在、未來也沒有過去。唯有對我們人類來說，才有現在的、未來的或過去的事物可言。此外，就連對上帝來說，時間也不存在——上帝立於時間之外，能瞬時掌握過去的、現在的與未來的一切，完全不用時間。這樣一口氣掌握的東西可不少，如果你問我的話。我們人類面對這種訊息洪流，早就過勞崩潰了。大多數人光是關注現在就夠忙的了！

自我

蘇格拉底／認識你自己！

洛克／沒有回憶就沒有自我

威廉斯／心智、記憶與身體塑造了身分同一性

帕菲特／「我」最終歸結為大腦的狀態

Gnothi seauton!——「認識你自己！」據說在德爾斐（Delphi）的阿波羅神廟上就刻著這句箴言，西方哲學之父蘇格拉底一再引用這句話，他認為「認識自己」是哲學首要的任務，畢竟哲學是「為自己靈魂的操心」。尋求幸福的人，必定不能繞過他自己。哲學家馬庫色（Ludwig Marcuse, 1894-1971）也知道這一點，他說：「與自己達到最高度一致的那個片刻，就是我的幸福。」

「我是誰？」這個問題常常在人生獲得成功的時候開始出現。不過通往自我認知的道路卻是、辛苦與充滿曲折的，許多誘人的因素會讓你停止追尋，現在比從前任何時候都更嚴重。我們大多數人都生活在持續的忙亂當中，由許多外力決定。我們同時做了非常多事，但沒有一項能真正做好。我們追逐各種事物，可是從未反思過那些東西的價值，有些人甚至剝削自己，以便達成一些他們從未仔細思量的目標。這不應該改變嗎？但是該如何改變呢？我要怎麼發現我是誰，我要的究竟是什麼？

有些人說：「你必須進到自己的內心！」另一些人回答：「這我做過了，可是什麼也沒發現。」兩者都只對一半。只待在家裡，躺在沙發上聆聽自己的內心，這樣是不能認識自己的。我們必須走到外面，對自己做實驗，與我們的自我討論陌生的情境。然而在這過程中，我們必須敏銳且仔細地觀察自己，如何對這些新的狀況做出反應。只有如此我們才能找出哪些是我們喜歡的，哪些則不。有時候在陌生的音符刺激之下，我們的心弦也會隨之震盪。有時候則只在腦海裡做一趟發現之旅，想像著各種處境與生活藍圖，並注意自己對這些想像有何感覺。這種生活適合我嗎？這種生活方式具體是怎麼回事？如果在這種精神旅程中內心有所嚮往，則一般來說，就值得在現實中實際做做看，也許自我當中原本枯萎的一部分會就此盛開起來。

我是誰？什麼對我來說，是真正重要的？我的願望、觀點跟感受裡，哪些是真實的？什麼時候我只是自我欺騙？我在過自己的人生嗎？在我對朋友、家人與職場同事所扮演的角色背後，有沒有真正的自我？還有：最認識我的人是我自己嗎？很可惜，雖然這些問題直搗我們人生的核心，但是在今天的哲學裡，卻只佔有邊緣的地位，因為被歸類到心理學與心理治療的領域裡去了。然而有一個問題是從以前到現在的哲學都熱烈討論的，即：我跟先前的我是同一個人嗎？如果是的話，為什麼？這個討論身分同一性的問題是有理由的，因為我的信念隨著年歲有很多改變，我的價值跟願望也是如此，我的身體也不是一直保持相同：外觀改變了，身體的細胞據說每七年就全部換過一次。那我跟十年前或二十年前的那個我還是同一個人嗎？我應該盡快去申請新身分證嗎？如果不用的話：既然我的一切都改變了，我如何還能是同一個人？我為什麼是我？必須發生什麼要件，才能使我變成你？這就是本章接下來要處理的問題。

在我們開始之前，我想請你閉上眼睛一會兒，請深呼吸，並集中精神。請你只注意你的自我，你在想什麼呢？你感覺到什麼？這個「我」是一種感覺嗎？還是一個念頭？屬於你的身體還是你的精神？真的存在一個像「我」這樣的東西嗎？蘇格蘭哲學家休謨認為，就像佛教所相信的那樣，並沒有「我」這個東西，尋找自我是徒勞無功的。我們所稱為「我」的，休謨認為，不過是一堆感覺、情感、思想、願望與記憶捆綁在一起的東西而已。光是人人都能說「我」，並不代表就真的有個「我」在每個人的自己之內。就像前面說的，當我們說「下雨了」（Es regnet），並真的不相信有個 Es 在那裡下雨。那麼這個「我」就只是個幻覺嗎？大腦研究也傾向於這個說法，因為在我們的大腦裡，似乎並不存在「自我」中央，「我」位於大腦各處，也可以說沒有一個地方是「我」。我們頭顱內部的交響樂就這麼演奏著，找不到一個指揮者。

然而這種觀點跟我們的體驗有所衝突，因為在感覺中，我們之內的各種思想、願望與感受並不像是自行運作、完全不受我們控制的。那個在進行思想、願望與感受的東西不是別的，正是**我們**。而且我們一般來說，都能知覺到什麼適合我們、什麼不適合，我們喜歡什麼、不喜歡什麼。我們能感覺到哪些是陌生外來的，哪些是熟悉與我們自己的。而且還有一點：我們每個人都有獨特的人格，屬於自己的性格；我們雖然也在時間中改變，但是不會今天跟明天不一樣，有一個基本模式是或多或少都穩定不變的。所以問題只在於：這個獨特的行為、思想、感受與意願模式，就是我們的「自我」嗎？如果是的話，那麼這個模式如何能在多年下來做了改變之後，我們卻沒有變成另外一個人？為什麼我能在翻看相簿的時候，一看到舊日幼兒時期與少年時期的照片就說「這個是我」？

提修斯（Theseus）的船

請想像一下，你是天才航海家，就像希臘神話裡著名的大英雄提修斯一樣。你幾個月以來在大海上駕著帆船，不懼猛烈的風暴，制服了無數的海上怪獸。航海的歷險在你的船上留下清楚的痕跡，所以你必須進船塢維修了，有幾塊船艙板必須更換了。之後你又出海航行，當你在世界各地洶湧的洋流上度過一個月之後，船又必須修理了，這次得換掉一些老舊的部件。就這樣許多年下來，造船師逐漸把你的船所有部分都換新了，再沒有一塊舊的艙板還留在船上，原先所有部件都已經換掉了。

造船師將換下來的舊材料細心地保留下來，並且用這些材料把你的老船又組了起來，他希望哪一天也許可以高價把船賣掉，畢竟你是航海界的傳奇人物了。

所以現在有兩艘船：一艘是你駕著到處翱遊、功能完整的新船，另一艘是造船師從你原本的船上換下來的零件組合起來的船。那麼重要的哲學問題是：哪一艘是你真正的船？哪一艘船才等同你原來那艘船？

這個思想遊戲有悠久的傳統，最早的記載見於古希臘作家普魯塔克（Plutarch, 45-125）。事情很簡單：一艘船的各個部分被逐漸換新，但不是一次全換，而是在一段相當長的時間裡一點一點換的。到了一個時點，這艘船就是完全由新的部分構成的了，所有舊的零件都已經拆除，於是問題是：船的所有部分都換掉了，如何可能還是同一艘船？還是說這艘船根本不是同一艘了？

這個哲學問題雖然討論的是，船在長時間裡的身分同一性，但是主要關涉到的當然是人類，因為我們從生物學得知，我們身體的細胞每七年就會全部換新。所以我們的身體在七年前跟七年後，是由不同的物質構成的；我們的心智也是如此，就連我們的性格、願望與信念也隨時間改變。從前我們無憂無慮又敢於行動，現在我們充滿煩惱與擔憂，從前我們相信有小仙女，願望是成為太空人，今天我們相信科學，願望是上班的路程不要太遠。我們一直在改變，外表跟內在都是如此，真的有東西是隨著我們年紀增長也不改變的嗎？而且是否必須有東西是不改變的，才使我們維持是同一個人？

性質同一與數量同一的區別

在我們一頭栽進實質的討論之前，我們應該弄清楚一個重要的分別：「同一性」（Identität）這個字可以指稱不同的意思，哲學裡我們區分「性質」的同一與「數量」的同一。兩個東西如果共有一切性質，也就是不在任何一個性質上有區別，那就是性質的同一，例如兩本你現在正在讀的這本書，有相同的顏色，相同的標題，相同的頁碼，也有相同的內容。

一切都等同，只有兩本書的位置不一樣：一本你拿在手上，另一本還在書店裡。這個例子顯示一件事：兩個東西可以在性質上等同，但是從數量上來說，那是兩個不同的事物。那兩本書就是兩個不同的事物，不是同一個東西。「數量上不同」這個說法指的就是這麼回事：兩個不同的東西，每一個可以得到不同的編號。

然而有趣的是，數量上同一的東西可以在時間中有很大的改變，抹布在使用前後，看起來跟使用前非常不同，但還是同一塊抹布。使用過的抹布在數量上跟原先那塊新的抹布有同一性，但是在性質上有差別。所以兩個東西不只可以是有差別的，即便它們在性質上同一（比如上述的兩本書），而且還能是同一的，即便它們擁有不同的性質（比如抹布）。

記憶型塑自我

在這段術語小插曲之後，我們現在終於可以來討論身分同一性的哲學問題了：我們跟二十年前的那個我還是同一個人嗎？是，但也不是。我們一直是同一個個體，儘管我們身心都已改變。我們今天的「我」在數量上與當年的「我」是同一的，但是在性質上則否。人一般說來會維持同一性，即便其人格在時間中有所改變，然而在某些情況下，人格會發生突然、斷裂的改變，比如經歷意外或腦溢血，我們有時候就會說：「他不再是原來那個人了。」而且不是比喻的說法，真的是字面的意思。這種情況大多跟記憶嚴重受損有關，記憶對我們的同一性扮演著關鍵的角色，十七世紀的英格蘭哲學家洛克就已經明白了這一點，讓我們稍微仔細一點看他的理論怎麼說：

根據洛克的看法，讓我們成為一個人的，是我們的自我意識；不論我們當前正在做什麼，我們總是清楚，是**我們**在做那件事。我們任何時候都能思索我們自己，包括思索我們過去的自己，因為我們能夠回憶。洛克認為，這種對過去思索的能力，讓我們取得了身分的同一性；由於過去各別的片刻留在我們的記憶中，而且我們能夠召喚這些記憶，我們的自我意識才得以建立。我們對過去的記憶是使我們成為我們的關鍵，沒有記憶就沒有自我。

洛克徹底地反駁了以下的認定：我們身上要有某種不變的東西，才能在時間的流逝中保持與自己的同一性。洛克認為，我們身上的一切都可以改變，重點在於我們還能記得過去；這個「我」並非某種實體，而是意識的過程。「我們有始終不變的靈魂」這樣的認定，對洛克派不上用場。

記憶有多重要，下面這個思想遊戲可以告訴我們：請想像一下，你跟女友交換記憶，你所有的記憶都被刪除，換成女友的記憶，你也就不記得自己的童年，而是記得女友的兒童時期。你所有的經驗記憶庫也就完全變了，比如你突然能記得尼泊爾貧瘠的山景，雖然你從未去過那裡。你大部分的情感、興趣與信念也驟然改變了，因為這些都是在經驗中建立起來的，對自己身體的感覺也是如此，在記憶交換之後，你的身體對你而言完全陌生了起來，你開始想念那個你自以為熟悉的身體。情況看起來像是你跟女友不只交換了記憶，而且也交換了身分。這個思想遊戲證明了洛克的論題：我們的記憶對於我們的身分認同，扮演極其重要的角色。洛克自己也設想過，如果有個人有一天突然在鞋匠的身體裡醒來，可是確信自己是王子，會怎麼樣。如果這個人真能記起自己當王子時所有的經歷，那麼，洛克認為，就真的是王子住到鞋匠的身體裡去了。

記憶對我們的自我有如此根本的重要性，在下面這段思索中也可以見到。請想像一下，你有夢遊症，而且遭控告昨天晚上侵入鄰居家中。你自己當然什麼也想不起來，那這樣你應該受罰嗎？你會說，應該不用吧，因為闖入民宅的行為不是你自己，而是身體或夢遊時的那個「我」所做的。為什麼？因為你什麼也不記得。

記憶的矛盾

不過記憶的問題也不是這麼單純，洛克的理論遭遇到兩個強力的反駁。第一個說，這個理論是循環論證，也就是把應該證明的東西設定為前提，因為如果沒有穩定的身分同一性，我們根本不能有記憶。每一個人只能記得自己的經歷，不能記得鄰居的經歷，誰要是記得從前，就必須在那時候是跟今天是同一個人。所以是記憶預設了身分同一性，而不是記憶保證了身分同一性。

第二個反駁來自蘇格蘭哲學家萊德（Thomas Reid, 1710-1796），其論述是：假設有一個少年被打了一頓，因為他偷了一個蘋果，這個少年後來成為偉大的將軍，為他的國家贏得至關重要的戰爭。作為一名老人，將軍一直只記得他打了勝仗，但不再記得少年時因為偷蘋果被打了一頓的事。然而當他還是軍中將領時，他是還能清楚記憶少年時代的。現在如果我們拿洛克對意義的判準來檢查，就會出現矛盾：這位將軍跟挨打的少年是同一人，老人與將軍也是同一人，因為他們分別都記得過去的事件，所以老人跟挨打的少年也是同一人。但是老人再也想不起少年時代的事，也就是說，在老人與少年之間已經不存在記憶的橋樑；那麼根據洛克的理論，老人跟少年應該不是同一人，於是產生了完美的矛盾。

提到挨打，有個思想實驗可以順帶一提：假設有人可以把你連接到機器上，把你的記憶刪光，轉存到硬碟上，之後殘酷地折磨你的身體。事後再把記憶重新灌回你的腦裡，如果「自我」真的取決於記憶的話，那麼應該完全不知道有殘酷折磨這回事。你會有一個記憶缺口，但也僅止於此。你願意嘗試一下嗎？大概不會吧。這個思想實驗來自英國哲學家威廉斯（Bernard Williams, 1929-2003），他想要指出，我們的身分同一性並不只建立在心智與記憶上，有時候也建立在身體上。然而下一個思想實驗顯示，身體有一個部分在這方面是特別重要的，那就是大腦。

請想像一下，你的大腦被從頭顱中取出，植入鄰居的頭裡，於是你的大腦處在鄰居的身體裡，鄰居的大腦也被植到你的頭顱裡。問題來了：你要回哪個家？多數人大概會回答，回到原來的家，儘管對不知情的人來說，你跟鄰居像是交換了住處一樣。不過你的朋友很快就會注意到，你有了鄰居的身體，而鄰居現在活在你的身體裡。所以重點在大腦，而不是在身體。還是連大腦都不需要？只要包括記憶、情感、信念與願望在內的精神內容就足夠？再者，可不可能有許多個擁有我的記憶的人？下面這個思想實驗就是關注這些問題。

史考特，把我傳送出去！

請想像一下，你人在柏林，站在傳送室前，這個傳送室能瞬間把人弄到北京去。仔細來說是這樣：當你踏進傳送室，你的身體會從上到下被掃描一次，每一個細胞的狀態都會被紀錄下來，身體的每一粒原子都會被檢查，所有資訊都被儲存起來，然後你的身體就被摧毀了，所有資料都被送到北京的傳送室去。接著，另一臺複製機會根據這些資料製作出你身體的完美複製品：每一個細胞的位置都沒有絲毫差別，一切都跟原版一模一樣，就連大腦的微觀結構也沒有改變。所以在中國的這個複製身體擁有與你相同的記憶、信念、情感、價值觀與願望，如果一切運作順利，你會在柏林踏入傳送室，不久之後，帶著小小的記憶缺口從北京的傳送室走出來。你會走進傳送室嗎？那是很方便的旅行方式，還是這樣一來，你其實並沒有離開柏林，而且還死掉了？

假設你在被掃描之後，身體不被摧毀，而是繼續活著。那是不是就有兩個你了，一個在柏林，一個在北京？你會因此得到兩種視角，而對世界有雙重的體會，還是那個在北京的人不過是你的複製品，你的孿生兄弟？

這個思想實驗來自英國哲學家帕菲特（Derek Parfit, 1942-），他的想法與洛克類似，認為我們今天之所以跟從前是同一個人，因為從前與今天之間有特定的連繫，而且我們能夠回憶過往的事情。這個「我」的同一性，需要心靈的連續性來維持，帕菲特不相信靈魂的存在。他認為，我們的「我」最終可以歸結為大腦的狀態，因為我們一切回憶、信念與願望，也都是大腦的狀態。然而他如何解決兩個傳送室之間的謎題呢？

這個思想遊戲的第一個版本對帕菲特完全不構成問題，他會坦然走進傳送室，即便他的身體在掃描之後將被摧毀，畢竟在北京將會有完全相同的分子構成被組合起來，那組成物將有完全一致的記憶、信念、願望以及性格特徵。帕菲特認為，在柏林踏進傳送室的人，將在短暫的記憶空白後在北京從傳送室走出來，沒有比這個更便捷的旅行方式了。一分鐘讓你從柏林到北京。

這個思想遊戲的第二個版本就有些麻煩，在這個版本裡，原先的身體在掃描之後不被摧毀，所以不只在北京，在柏林也有一個人從傳送室走出來。帕菲特認為，從柏林的傳送室走出來的人，跟那個從北京的傳送室走出來的人，很明顯不是同一個人。因為這兩人在同一個時間，處在不同的位置上。他們雖然有相同的性質，但是並非同一個人，也就是說，他們是性質上等同，但是數量上不等同，他們是完美的雙胞胎存在，但也僅止於此。這也表示：如果其中一個人受傷，另一個人不會有任何感覺。

最精彩的來了：如果在柏林與在北京這兩個人並不等同，那麼你也不能等同於這兩個人。你要麼到達北京，要麼離開柏林，要麼哪裡也不去，但是絕對不能同時到兩個地方。為什麼？因為同一性用邏輯學者的術語來說是「遞移的」（transitive）：如果A不只等同於B，而是也等同於C，那麼B跟C也必須彼此等同，因為這兩者都不外乎只是A。所以如果你在柏林走進傳送室，而且既等同於在掃描之後，從柏林傳送室走出來的這個人，同時也等同於在北京走出傳送室來的那個人，那麼在柏林跟在北京的這兩個人必定互相等同；然而這是不可能的，因為同一個東西不可能在同一時間，存在於不同的位置上。

複製摧毀了同一性

也許你這次乾脆不要走出柏林的傳送室，只讓你的孿生兄弟在北京從傳送室走出來？可是為什麼非得摧毀你在柏林的身體，這趟旅程才能成功？在北京的那個人，跟在柏林的這個人有什麼差別？你有什麼理由更等同於其中一個而非另外一個？對於這個難解的困境，帕菲特有以下建議：他主張，你既不等同於在北京的那個人，也不等同於在柏林的這個人，因為在複製之後，你就根本不存在了！只要你的複製品一誕生，你就失去了自我同一性。因為這個同一性有個必要條件：必須是獨一無二的，光靠心理的連續性還並不足夠。雖然在柏林的這個人跟在北京的那個人都具有跟你完全相同的回憶，然而這兩個人當中沒有一個等同於你——複製就等於原版被摧毀。

我們可以用阿米巴原蟲的例子來說明這個論證，我們知道，阿米巴原蟲透過分裂來進行繁衍：一隻阿米巴原蟲會變成兩隻。一個有趣的哲學問題就是：哪一隻阿米巴原蟲等同於原來那一隻？答案是兩隻都不是，因為不然的話，這兩隻也將彼此等同，也就是說，這兩隻將不是兩隻，而是同一隻生物，然而這明顯是錯誤的。

生存最重要！

請想像一下，你的左右兩瓣大腦可以分開來，而且各自都能像完整的大腦一樣運作，也就是說，你可以只用半邊大腦生活，完全沒有任何限制。現在請想像一下，有人要把你這兩瓣大腦分裝到兩個頭顱中空的身體裡去，新產生的兩個人將擁有跟你完全相同的記憶、觀點與價值觀，而且會很驚訝地發現自己處在陌生的身體裡。可是這兩人哪一個才是你呢？就像阿米巴原蟲的情況一樣：你不能同時是這兩人，而且你有什麼理由更等同於其中一個，而非另外一個人呢？這選擇是任意的。所以結論是：在大腦分成左右兩瓣時你就死了，在那之後你已不復存在。

不過這種死亡很糟糕嗎？如果要你在這種大腦分割跟服下致命毒藥之間二選一，你會如何選擇？大概會寧願做大腦分割吧，畢竟那樣日子還是可以過下去。在某種意義下，你將以兩個人的形式繼續活下去，帕菲特如此認為。所以大多數人會優先選擇這種存活方式，就算那兩個繼續活下去的人並不等同於你。不過帕菲特認為，只要談到生存問題，自我同一性就不再是重點，更重要的是生命能否延續。不管最後等同於誰——讓我們拭目以待吧！

國家圖書館出版品預行編目資料

如果沒有今天,明天會不會有昨天？五十五個讓哲學家也瘋狂的思想實驗／易夫斯．波沙特（Yves Bossart）著；區立遠譯. -- 初版.
-- 臺北市：商周出版：家庭傳媒城邦分公司發行, 民104.11
面：　公分
譯自：Ohne Heute gäbe es morgen kein Gestern
ISBN 978-986-272-916-8（平裝）
1. 思考　2. 哲學
176.4　　104021517

如果沒有今天，明天會不會有昨天？
五十五個讓哲學家也瘋狂的思想實驗

原著書名／Ohne Heute gäbe es morgen kein Gestern
作　　者／易夫斯．波沙特（Yves Bossart）
譯　　者／區立遠
企畫選書／林宏濤
責任編輯／賴芊曄

版　　權／林心紅
行銷業務／李衍逸、黃崇華
總 編 輯／楊如玉
總 經 理／彭之琬
事業群總經理／黃淑貞
發 行 人／何飛鵬
法律顧問／元禾法律事務所　王子文律師
出　　版／商周出版
城邦文化事業股份有限公司
台北市民生東路二段 141 號 9 樓
電話：(02) 25007008　傳真：(02) 25007759
E-mail：bwp.service@cite.com.tw
發　　行／英屬蓋曼群島商家庭傳媒股份有限公司城邦分公司
台北市民生東路二段 141 號 2 樓
書虫客服服務專線：(02) 25007718、(02) 25007719
24 小時傳真專線：(02) 25001990、(02) 25001991
服務時間：週一至週五上午09:30-12:00；下午13:30-17:00
劃撥帳號：19863813；戶名：書虫股份有限公司
讀者服務信箱：service@readingclub.com.tw
城邦讀書花園：www.cite.com.tw
香港發行所／城邦（香港）出版集團有限公司
香港灣仔駱克道193號東超商業中心1樓
E-mail：hkcite@biznetvigator.com
電話：(852) 25086231　傳真：(852) 25789337
馬新發行所／城邦（馬新）出版集團【Cité (M) Sdn. Bhd.】
41, Jalan Radin Anum, Bandar Baru Sri Petaling,
57000 Kuala Lumpur, Malaysia.
電話：(603) 90578822　傳真：(603) 90576622
E-mail：cite@cite.com.my

封面設計／廖勁智
排　　版／新鑫電腦排版工作室
印　　刷／韋懋實業有限公司
經 銷 商／聯合發行股份有限公司
新北市231新店區寶橋路235巷6弄6號2號
電話：(02)29170822　傳真：(02) 29110053

■ 2015年（民104）11月初版1刷
■ 2023年（民112）9月初版12.5刷
Printed in Taiwan
城邦讀書花園
www.cite.com.tw

定價／380 元

　ISBN　978-986-272-916-8

廣　告　回　函
北區郵政管理登記證
台北廣字第000791號
郵資已付，免貼郵票

104台北市民生東路二段141號2樓

英屬蓋曼群島商家庭傳媒股份有限公司　城邦分公司

請沿虛線對摺，謝謝！

書號：BP6019　**書名：**如果沒有今天，明天會不會有昨天？　**編碼：**

請於此處用膠水黏貼

商周出版

讀者回函卡

感謝您購買我們出版的書籍！請費心填寫此回函卡，我們將不定期寄上城邦集團最新的出版訊息。

不定期好禮相贈！
立即加入：商周出版
Facebook 粉絲團

姓名：＿＿＿＿＿＿＿＿＿＿ 性別：□男 □女

生日：西元＿＿＿＿年＿＿＿＿月＿＿＿＿日

地址：＿＿＿＿＿＿＿＿＿＿

聯絡電話：＿＿＿＿＿＿＿＿ 傳真：＿＿＿＿＿＿＿＿

E-mail ：

學歷：□ 1. 小學 □ 2. 國中 □ 3. 高中 □ 4. 大學 □ 5. 研究所以上

職業：□ 1. 學生 □ 2. 軍公教 □ 3. 服務 □ 4. 金融 □ 5. 製造 □ 6. 資訊
□ 7. 傳播 □ 8. 自由業 □ 9. 農漁牧 □ 10. 家管 □ 11. 退休
□ 12. 其他＿＿＿＿＿＿＿＿

您從何種方式得知本書消息？

□ 1. 書店 □ 2. 網路 □ 3. 報紙 □ 4. 雜誌 □ 5. 廣播 □ 6. 電視
□ 7. 親友推薦 □ 8. 其他＿＿＿＿＿＿＿＿

您通常以何種方式購書？

□ 1. 書店 □ 2. 網路 □ 3. 傳真訂購 □ 4. 郵局劃撥 □ 5. 其他＿＿＿＿

您喜歡閱讀那些類別的書籍？

□ 1. 財經商業 □ 2. 自然科學 □ 3. 歷史 □ 4. 法律 □ 5. 文學
□ 6. 休閒旅遊 □ 7. 小說 □ 8. 人物傳記 □ 9. 生活、勵志 □ 10. 其他

對我們的建議：＿＿＿＿＿＿＿＿＿＿

＿＿＿＿＿＿＿＿＿＿

＿＿＿＿＿＿＿＿＿＿

請於此處用膠水黏貼